Elogios para
Líder a distancia

"Kevin Eikenberry y Wayne Turmel decidieron unirse para producir juntos la mejor guía que existe sobre el tema del liderazgo a distancia en el mercado actual. Basado en una investigación con gerentes de la vida real en ejercicio de su cargo, *Líder a distancia* les ofrece a sus lectores 19 reglas que guían a quienes tienen que ejecutar esta labor a control remoto, mostrándoles cómo afrontar sus desafíos más apremiantes —desde cómo hacer el mejor uso posible de la tecnología e implementar entrenamientos efectivos a larga distancia hasta cómo lograr sus metas— para generar confianza aun desde su no presencialidad frente a sus equipos de trabajo. E incluso si no eres un líder a distancia, por lo menos, no todavía, te aseguro que querrás tener este libro a tu disposición. Los autores lo afirman y nuestra investigación respalda su afirmación: 'Primero, piensa en tu liderazgo; después, desde dónde vas a ejercerlo'. Las historias interesantes contenidas en esta obra, junto con un enfoque de sabiduría práctica y unas cuantas preguntas que te llevarán a la reflexión y a la acción, te ayudarán a optimizar tu nivel de liderazgo dondequiera que tú y tu equipo se encuentren".

—Jim Kouzes, coautor del *besteseller*, *The Leadership Challenge* y miembro ejecutivo de Leadership, Leavey School of Business, Universidad de Santa Clara

"Por fin, un magnífico libro sobre liderazgo con un propósito específico: enfrentar los desafíos propios del liderazgo a distancia. Esta es una lectura obligada para los dirigentes de todas las organizaciones que se enfrentan a la creciente demanda y al reto de tener que ejercer su trabajo a distancia. A medida que las economías globales obligan a más y más organizaciones a afrontar el desafío que implica el hecho de saber cómo implementar con éxito este tipo de liderazgo, este libro te proporciona una guía práctica y bien pensada que querrás que todos tus líderes conozcan y usen".

—Mayor General (R) David Ralston (Ejército de los EE. UU.)

"Cada vez que yo hable con los gerentes de nivel medio acerca de lo que es ser un líder, este libro estará en la lista de lecturas de referencia que les daré. Sin lugar a duda, les ayudará a autoevaluarse en la escala de las habilidades requeridas en el ejercicio de su liderazgo, así como a establecer metas y a trabajar directamente con sus administradores y mentores. Sobre todo, me gusta la sección de 'registro'… pues observo que mis estudiantes en formación aumentan su nivel de impacto y desempeño al saber que son escuchados y tenidos en cuentas, aunque sus líderes puedan encontrarse personalmente con ellos solo una vez al año. Este es un enfoque práctico sobre cómo realizar el viaje hacia el éxito siendo líder a distancia. Todos deberíamos sopesar en qué habilidad nos enfocaremos día tras día".

—Alicia Davis, directora de Global Finance Learning and Development, Dell Inc.

"Los líderes que están decididos a tener un impacto en el ferozmente complejo mundo del siglo XXI se beneficiarán en gran medida de las ideas y principios de *Líder a distancia*".

—Doug Conant, Fundador y director ejecutivo de ConantLeadership; presidente de Kellogg Executive Leadership Institute, Northwestern University; ex presidente de Avon Products y ex director ejecutivo de Campbell Soup Company

"El liderazgo no es fácil y el hecho de trabajar a distancia le añade una nueva dinámica a la ejecución de este cargo. Los valiosos consejos presentados a lo largo de estas páginas les proporcionan a los lectores las ventajas que ellos necesitan para tener éxito al liderar en esta nueva modalidad. Muchos equipos luchan en lo referente a su capacidad para desarrollar un buen nivel de comunicación; a eso agrégale el componente de tener empleados remotos y de inmediato comprenderás que ejercer liderazgo a distancia se vuelve todavía más difícil. Las herramientas presentadas en esta lectura te brindan lo que necesitas para ser un mejor líder y desarrollar la ventaja competitiva que te permita aprovechar al máximo tus equipos cuando estos se encuentran a larga distancia".

—**Marcie Van Note, directora de MBA,
Mount Mercy University**

"Este libro de Wayne y Kevin le ofrece al lector una base sólida en el ejercicio de su liderazgo bajo cualquier circunstancia y lo pone a la altura del liderazgo virtual o a distancia. Está lleno de matices y pautas que te ayudarán a navegar a través de los laberintos propios de este tipo de liderazgo. En mi caso, aprecié de manera especial los fragmentos en los que los autores nos revelan sus diversas formas de trabajar juntos, pues creo que le agregaron un toque muy real y personal a la lectura. Te animo a que adquieras este libro, estudies las reglas aquí propuestas, reflexiones sobre sus preguntas, pongas en práctica su contenido y te conviertas en un líder que sepa qué y cómo hacer para 'atravesar la distancia'".

—**David Zinger, Fundador y propietario de
Employee Engagement Network**

"Gran libro. Justo a tiempo. Pasar de 'dirigir' a 'liderar' nunca ha sido más relevante que ahora, cuando, de la noche a la mañana, todo lo que hacemos como empresa podría cambiar. Un gerente administra al personal; en cambio, un líder contrata a personas excelentes, confiando en que ellas lograrán resultados asombrosos".

—**Ann Andrews, CSP, autora de *Lessons in Leadership***

LÍDER A DISTANCIA

REGLAS PARA EJERCER UN LIDERAZGO NO PRESENCIAL CON RESULTADOS EXCEPCIONALES

KEVIN EIKENBERRY
WAYNE TURMEL

TALLER DEL EXITO

LÍDER A DISTANCIA
Copyright © 2024 - Taller del Éxito, Inc.

Título en inglés: *The Long- Distance Leader*.
Traducción al español: Copyright © 2021 Taller del Éxito, Inc.
"First published by Berret-Koehler Publishers Inc., San Francisco, CA, USA. All rights reserved."

Reservados todos los derechos. Ninguna parte de esta publicación puede ser reproducida, distribuida o transmitida, por ninguna forma o medio, incluyendo: fotocopiado, grabación o cualquier otro método electrónico o mecánico, sin la autorización previa por escrito del autor o editor, excepto en el caso de breves reseñas utilizadas en críticas literarias y ciertos usos no comerciales dispuestos por la Ley de derechos de autor.

Publicado por:
Taller del Éxito, Inc.
1669 N.W. 144 Terrace, Suite 210
Sunrise, Florida 33323
Estados Unidos
www.tallerdelexito.com

Editorial dedicada a la difusión de libros y audiolibros de desarrollo personal, crecimiento personal, liderazgo y motivación.

Diseño de carátula: Diego Cruz
Diagramación: Chrislian Daza
Traducción y corrección de estilo: Nancy Camargo Cáceres

ISBN: 9781607388128

25 26 27 28 29   R | GIN   08 07 06 05 04

Contenido

15 Introducción

Sección 1: Empezando

25 Capítulo 1
Lo que hemos aprendido sobre los líderes a distancia

35 Capítulo 2
Cómo llegamos al liderazgo a distancia

43 Capítulo 3
Lo que significa liderar a distancia

Sección 2: Modelos de Liderazgo

61 Capítulo 4
El modelo de liderazgo a distancia

69 Capítulo 5
El modelo de liderazgo de las tres Os

Sección 3: Logrando resultados a distancia

97 Capítulo 6
Tipos de resultados

107 Capítulo 7
Establece (y alcanza) metas para tus equipos a distancia

123   Capítulo 8
Haciendo entrenamientos y retroalimentación a distancia

Sección 4: Involucrando a otros

153   Capítulo 9
La "sugerencia de oro" en cuanto a trabajar con otros

161   Capítulo 10
Entendiendo la diplomacia sin "jugar a la política"

169   Capítulo 11
Generando confianza a distancia

181   Capítulo 12
Cómo elegir las herramientas de comunicación adecuadas

189   Capítulo 13
Consejos tecnológicos para el líder a distancia

Sección 5: Comprendiendonos a nosotros mismos

215   Capítulo 14
Cómo obtener una retroalimentación honesta

225   Capítulo 15
Tus creencias y tus diálogos internos

231   Capítulo 16
Establece límites razonables 231

239   Capítulo 17
Establece prioridades personales 239

Sección 6: Formando líderes a distancia

247   Capítulo 18
Preguntas sobre cómo formar líderes a distancia

    261   Epílogo
    265   Notas

Este libro está dedicado a nuestros compañeros de equipo en The Kevin Eikenberry Group y en Remote Leadership Institute, por ser ellos nuestra inspiración, nuestro apoyo y, en ocasiones, nuestras ratas de laboratorio.

Todos ustedes son verdaderamente extraordinarios.

Reglas para ejercer un liderazgo no presencial con resultados excepcionales

Regla 1 Primero, piensa en tu liderazgo y luego en la ubicación

Regla 2 Acepta el hecho de que liderar a distancia requiere que ejerzas tu liderazgo de manera diferente.

Regla 3 Comprende que trabajar de forma remota cambia la dinámica interpersonal, incluso si no quieres que así sea.

Regla 4 Utiliza la tecnología como una herramienta, no la veas como una barrera, ni como una excusa.

Regla 5 Liderar requiere centrarnos en los resultados, en los demás y en nosotros mismos.

Regla 6 Liderar con éxito requiere lograr resultados de muchos tipos.

Regla 7 Concéntrate en alcanzar las metas y no solo en establecerlas.

Regla 8 Entrena a tu equipo de manera eficaz, sea donde sea que trabajen quienes lo integran.

Regla 9 Comunícate de maneras que mejor les funcionen a los demás y no basándote en tus preferencias personales.

Regla 10 Liderar con éxito requiere comprender lo que piensan las personas, no solo lo que ellas hagan.

Regla 11 Generar confianza a distancia no es un resultado que ocurre por accidente.

Regla 12 Identifica cuáles son los resultados de liderazgo que necesitas obtener. Luego selecciona la herramienta de comunicación más eficaz para lograrlos.

Regla 13 Maximiza las capacidades de cada herramienta o minimizarás su efectividad.

Regla 14 Enfócate en los comentarios que más beneficien a los resultados que buscas, así como a los demás y a ti mismo.

Regla 15 Examina en qué consisten tus creencias y cuál es tu diálogo interno, pues estos definen tu forma de liderar.

Regla 16 Acepta que tú no puedes hacerlo todo solo. Ni siquiera deberías intentarlo.

Regla 17 Equilibra tus prioridades de tal modo que te conduzcan a ser un gran líder a distancia.

Regla 18 Asegúrate de que tu experiencia en el campo del liderazgo te sirva para preparar grandes líderes a distancia.

Regla 19 Cuando todo lo demás falle, recuerda la Regla 1.

Introducción

"El principio es lo primero. La acción viene después".

—Todd Stocker, orador y pastor

El mejor lugar para comenzar es por el principio. No queremos que tengas que buscar, ni que tengas que suponer cuál es la premisa de este libro.

Esta es nuestra premisa:

Liderar un equipo a distancia es, ante todo y primordialmente, una cuestión de liderazgo. Y los principios del liderazgo no han cambiado —puesto que son principios.

Lo que ha cambiado es que hoy la gente trabaja en diferentes lugares y en diversos horarios. Dados esos cambios, la forma en que aplicamos los invariables principios de liderazgo en este nuevo mundo es muy importante —para los miembros de equipos que trabajan a distancia, para ti como líder y para la organización a la que todos sirven.

Este libro trata sobre principios y aspectos de suma importancia.

Si bien hay ajustes que debemos hacer para liderar en medio de un mundo que presenta mayores distancias entre los miembros del equipo, también es innegable que hay muchos más aspectos del liderazgo que no cambian, ni cambiarán jamás. Nuestro objetivo aquí es mostrarte cuáles son esos principios y aspectos y ayudarte a reconocer la diferencia.

Esta premisa implica hacer algunas precisiones importantes antes de comenzar a desarrollar el tema que nos compete a lo largo de estas páginas.

¿Qué es liderazgo?

Hoy, más que nunca, se está escribiendo sobre este tema y, aun así, necesitamos establecer un contexto preciso, ya que las palabras "líder" y "liderazgo" hacen parte de la totalidad del título del libro. Por lo tanto, esto es lo que creemos:

El liderazgo está presente cuando la gente elige seguir a alguien rumbo hacia obtener un resultado futuro deseado.

Entonces... Solo lideras si la gente te sigue.

Hay mucho implícito en estas dos breves declaraciones. Analicémoslas un poco más, compartiendo algunas verdades y mitos sobre el liderazgo.

El liderazgo es complejo

Al visitar a los líderes de la NASA (también conocidos como científicos nucleares), Kevin les preguntó qué era más complejo entre la ciencia espacial y el liderazgo. La respuesta surgió de manera rápida y sencilla: quedó claro que, sin lugar a duda, el liderazgo es más complejo que la ciencia espacial. El grupo explicó que, en el mundo de la construcción de cohetes, es posible identificar cuándo una respuesta es correcta, puesto que ellos saben de ecuaciones y fórmulas. Explicaron que, si incluyen las cifras correctas en las fórmulas correctas en el momento correcto (y verifican sus matemáticas), obtendrán una respuesta correcta.

Al visitar a los líderes de la NASA (también conocidos como científicos nucleares), Kevin les preguntó qué era más complejo entre la ciencia espacial y el liderazgo. La respuesta surgió de manera rápida y sencilla: quedó claro que, sin lugar a duda, el liderazgo es más complejo que la ciencia espacial.

Sin embargo, como líder, estás en trato constante con *personas* —y las personas son mucho más complejas—. Por lo tanto, los problemas, aunque tal vez no sean tan trascendentales como enviar un cohete al espacio, sí son mucho más dinámicos y, rara vez, están planteados en blanco y negro. El liderazgo no es fácil, ni sencillo. Al igual que la ciencia espacial, es un campo en el cual se requiere de estudio y práctica para convertirse en un experto. Además, cuando le agregamos la complejidad de tener que liderar equipos de trabajo en diferentes ubicaciones, liderar se vuelve aún más complejo.

El liderazgo es una acción

Por lo general, el liderazgo es considerado un rol o una persona específica, por ejemplo, al decir: "Él es el líder". En cambio, el diccionario afirma que "liderazgo" es un sustantivo, mientras que "liderar" —las acciones que definen el liderazgo— es un verbo. Esta diferenciación significa que el liderazgo no es una posesión, un bien del cual seamos dueños; más bien, es una actividad que realizamos. En otras palabras, cuando pienses en liderazgo, piensa en acciones y comportamientos. El objetivo de este libro es responder a la pregunta: ¿Cuáles son las acciones y comportamientos que en realidad funcionan cuando se trata de ayudarles a tus equipos (específicamente, de forma remota) a obtener óptimos resultados?

Según esto, si el liderazgo es una acción, eso significa que *no es un título, ni una posición laboral*. Eres líder cuando la gente te sigue —si no te siguen, no estás liderando—. Las acciones de los demás no están garantizadas por tu título o cargo laboral, ni por el color de tu escritorio o el enorme tamaño de tu oficina. Un título que te proclama como líder no te convierte en ello de la misma manera que llamar cebra a un león no genera rayas negras en este último.

Piénsalo de esta manera: a lo mejor, habrás observado o conocido a alguna persona en una posición de liderazgo que en realidad no era líder; quizás, hasta hayas trabajado para ella. De igual manera, conocerás personas que no tienen o no quieren ocupar un cargo de liderazgo y, sin embargo, de todos modos, la gente elige seguirlas. Eso demuestra que es la acción, no los títulos, la que determina quiénes son líderes.

El liderazgo es una responsabilidad

Cuando te asignaron o aceptaste un cargo de liderazgo bien sea a nivel formal o informal, recibiste una enorme responsabilidad. Esta parecerá una verdad obvia si tu título es presidente, director ejecutivo o propietario de una empresa, pero tu responsabilidad también es enorme como líder de primer nivel. Piénsalo de esta manera: fuera de la familia y los amigos más cercanos de las personas, tú, como su jefe, eres quien más influye en ellas. Tú ejerces cierto impacto en su salario, en su entorno de trabajo (incluso si no estás en el mismo lugar que ellas), en el nivel de estrés que experimentan, en su grado de satisfacción en el trabajo y en cientos de aspectos más.

La gente te admira. Y, si lideras, la gente *te sigue*. Por lo tanto, eres responsable de mucho más que de ti mismo y de tus propios resultados, así que es vital asegurarte de que el rumbo que llevas es útil y valioso. Quizás, intentes ignorar esta responsabilidad, pero esta actitud no cambiará la importancia del rol que desempeñas.

Y aunque es una responsabilidad, *no es una toma de poder*. Los comportamientos que llevan a otros a otorgarte "poder" no provienen del simple hecho de que tú así lo desees. Más bien, provienen de tu incansable enfoque en servirles a los demás. Si intentas tomar el poder o reclamar autoridad, entonces, no estás liderando. Cuando tú logres liderar tal como veremos a lo largo de este libro, lo más probable será que se te otorgue mucho "poder".

El liderazgo es una oportunidad

Sin liderazgo, nada positivo ocurre en el mundo. La oportunidad de marcar la diferencia es enorme y emocionante. Sin embargo, ya sea que estés pensando en marcarla en tu equipo, con tus clientes, en tu organización en general o en medio de las comunidades donde trabajas y vives e incluso si estás pensando en cambiar el mundo, se requiere de liderazgo de tu parte.

Cuando das muestra de comportamientos propios del liderazgo es porque estás tratando activamente de obtener resultados nuevos, generadores de verdaderos cambios. Entonces, pocas oportunidades son mejores que las que se te presentan y te brindan la posibilidad de producirlos. Solo recuerda que siempre las tendrás y que te ayudarán a lograr dicho propósito ejerciendo tu liderazgo incluso frente a equipos lejanos. Esta es precisamente una de las principales razones por las que escribimos este libro: mostrarte cómo ser líder a distancia y obtener enormes resultados.

El liderazgo no es una cualidad innata

Las habilidades de liderazgo no hacen parte solo de la genética de algunos y están ausentes en otros. A todos se nos ha dado un paquete de ADN único que nos permite convertirnos en líderes altamente efectivos e incluso destacados. ¿Poseen algunos líderes fortalezas innatas que los llevan a ser exitosos? Por supuesto, pero tú también las tienes, así sean diferentes. Sin embargo, no importa que las tengamos o no si no hacemos lo posible para usarlas y mejorar en aquellas áreas que nos resulten más difíciles. Pocas circunstancias son más tristes que la de ver un potencial desperdiciado. Así que ten presente que el éxito del liderazgo no es tanto una cuestión de genética, sino de aprendizaje y de querer ser mejor.

Liderar no es igual a administrar

Las habilidades de administración se centran en aspectos como procesos, procedimientos, planes, presupuestos y/o previsiones. En cambio, las habilidades de liderazgo se centran en las personas, en tener visión, en saber ejercer autoridad, en brindar dirección, así como en ser generadores de desarrollo. Ambos son conjuntos de habilidades valiosas y es probable que las necesites todas para tener éxito en tu labor como líder. Ahora, sin restarles importancia a las habilidades de administración, observa que decidiste leer un libro como este, titulado *Líder a distancia*, no *Administrador a distancia*. Por lo tanto, ten presente que, a lo largo de estas páginas, nuestro enfoque estará puesto en el ejercicio del liderazgo. Las diferencias son claras, pero no completamente distintas; más bien, piensa en estos dos conjuntos de habilidades como en círculos superpuestos, tal como se observa en la Figura 1. Todos necesitamos de ambos tipos de habilidades, pero los grandes líderes no son necesariamente grandes administradores y viceversa.

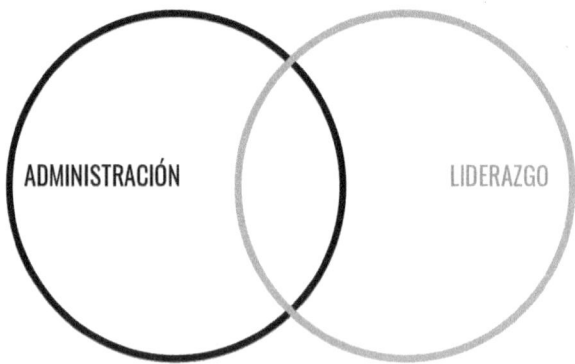

Figura 1 - Dos partes de tu cargo

Para aclarar aún más la diferencia entre el líder y el administrador, observa estas listas:

Algunas habilidades de administración	Algunas habilidades de liderazgo
• Coordinar	• Colaborar
• Planificar	• Hacer coaching
• Diagnosticar	• Guiar
• Presupuestar	• Comunicarse
• Abastecer	• Construir equipos
• Dirigir	• Crear cambios
• Mantener	• Proporcionar visión
• Resolver problemas	• Apoyar
• Establecer objetivos	• Motivar
• Ser táctico	• Establecer metas
• Centrarse en el negocio	• Ser estratégico
• Generar mejoras incrementales	• Generar disrupción intencionada
• Hacer las cosas bien	• Tomar decisiones acertadas
• Enfocarse en los detalles	• Pensar (y hablar) del panorama general
• Centrarse en los procesos	• Centrarse en las personas

Si bien ninguna de las dos listas es completa, ten en cuenta que todos los comportamientos que aparecen en ambas listas son importantes y que, para lograr un nivel óptimo de rendimiento, necesitarás tener habilidades en todos. Sin embargo, es de esperar que las dos listas indiquen que dichas habilidades *son diferentes*. De manera que, en este libro profundizaremos más que todo en las habilidades mencionadas en la lista de liderazgo y solo en algunas pertenecientes a la lista de administración.

Recuerda, el tema a tratar aquí es sobre cómo liderar a distancia, lo que significa que hablaremos sobre principios cruciales del liderazgo para así generar un contexto que luego nos facilite mostrar con total claridad qué cambios son necesarios al liderar a distancia. Y otra cosa: este no es un tratado completo sobre liderazgo, así que, si estás buscando que así sea, me temo que tienes en tus manos el libro equivocado. Si deseas o necesitas más conocimientos sobre principios de liderazgo, te recomendamos los libros que referimos en la lista de lecturas sugeridas a lo largo del libro.

Habiendo hecho estas salvedades, ahora sí estamos listos para comenzar. De modo que comencemos con lo que hemos aprendido y estamos aprendiendo con respecto a ser líderes a distancia.

Detente y piensa

- ¿Qué ideas tienes acerca del liderazgo?
- ¿Cuáles son tus habilidades tanto en el área de administración como en la de liderazgo?

Sección 1

Empezando

1

Lo que hemos aprendido sobre los líderes a distancia

Regla 1 Primero, piensa en tu liderazgo y luego en la ubicación.

"No administramos a la gente. La lideramos".
—Almirante Grace Hopper

Eric es un administrador con amplia experiencia que, desde hace cinco años, tiene un equipo de trabajo que ha venido funcionando de modo tradicional. Sin embargo, últimamente, ha tenido que trabajar con algunos miembros que hacen su labor desde casa durante varios días a la semana. En general, todo parece funcionar con la misma normalidad de siempre, aunque él mismo nota que pasa demasiado tiempo preocupándose por aspectos acerca del trabajo de esos empleados que él podría estar ignorando, así como por cosas que quizás estén sucediendo a sus espaldas. La verdad sea dicha, estas posibilidades le preocupan más que el trabajo en sí mismo y Eric cree que, más que nunca, vive cuestionándose y se siente menos confiado en lo que respecta a sus decisiones, a pesar de manifestar que "hasta ahora, todo va bien, pero ¿por cuánto tiempo?". Verás, hoy en día, mucha gente siente igual que Eric.

Es casi un hecho que, si decidiste leer este libro, estarás de acuerdo con nosotros en que no es suficiente con hacer las cosas "bien" o "de manera no tan terrible". Después de todo, ejercer el liderazgo implica tener aspiraciones; así que nadie que haya elegido esta lectura quiere ser un líder promedio o común y corriente. Más bien, quiere ser un líder excelente y, si es posible, serlo con mucho menos estrés del que esté experimentando en la actualidad.

Cuando comenzamos a analizar cuáles son los desafíos diarios que enfrentan los líderes a distancia, teníamos una idea bastante clara de lo que íbamos a encontrar —puesto que hemos trabajado con docenas de organizaciones y con miles de personas durante estos últimos años—. Y, aun así, queríamos cuantificar lo que está sucediendo en el mundo y verificar nuestras suposiciones con base en datos medibles. Eso fue lo que nos llevó a desarrollar e implementar nuestra encuesta sobre el liderazgo a distancia.

En 2017, condujimos una encuesta voluntaria entre más de 225 líderes que tuvieran, por lo menos, una parte de su equipo trabajando a distancia[1]. Es cierto que este es un muestreo reducido, pero los resultados confirman lo que escuchamos decir día tras día. Si hubiéramos estado buscando resultados o datos diferentes, no los habríamos encontrado. Lo que *sí* descubrimos es que los desafíos que enfrentan los líderes a distancia se asemejan mucho a los de los líderes en cualquier situación y que la mayoría de ellos informa que las cosas están… bien. No perfectas, puesto que siempre pueden estar mejores —pero, ciertamente, tampoco están a punto de colapsar—. También hay indicios de que, a medida que el teletrabajo a tiempo parcial aumenta y cada vez más empresas hacen el cambio y deciden utilizan una fuerza laboral a control remoto, las grietas que encontramos a lo largo de nuestro análisis solo tienden a seguir aumentando.

La encuesta también destaca que es un hecho que hay ciertos desafíos que han venido surgiendo debido a la distancia entre los miembros de equipo y al uso que se le está dando a la tecnología en función de cerrar esa brecha. Como verás en un momento, esto tiene mucho sentido y confirma que lo que estamos experimentando con nuestros clientes no es inusual. Los datos son claros al destacar qué es lo que se debe hacer para preparar a los líderes para una nueva forma de trabajar, así como para que ellos puedan desarrollar las habilidades que se requieren para destacarse en su labor de liderazgo.

Esto fue lo que observamos.

Datos estadísticos

- *Hay administradores en toda clase de industrias y disciplinas.* La encuesta arrojó que, tanto en el gobierno como en el mundo de las ventas, los administradores representan el 11% y el 12% en cada uno de estos dos campos de acción y el 46% en otras siete categorías. Este es un punto importante, puesto que demuestra que liderar a distancia es un hecho de la vida que no está limitado solo a industrias o disciplinas específicas.

- *El tamaño de los equipos está cambiando.* Entre los encuestados que respondieron, más de la mitad tenía equipos compuestos por 10 miembros o más, el 25% lideraba entre dos y cinco miembros y el 21% dirigía de seis a 10 miembros (Figura 2). Esto es un poco más que el promedio de subordinados directos bajo el mismo techo y podría indicar una nueva tendencia al crecimiento de empleados operando a distancia, hecho que solo exacerba los desafíos de liderar de forma remota.

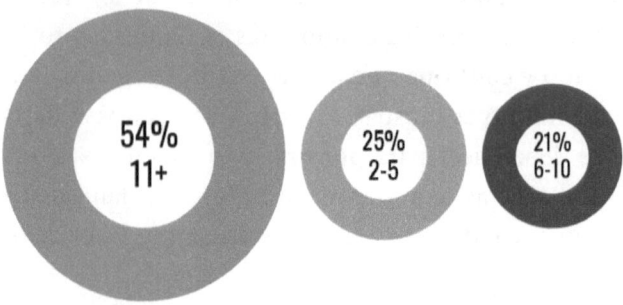

Figura 2 - Tamaño de los equipos a distancia

- "Equipos a distancia" no significa que todos los miembros trabajen en otro lugar. A menudo, pensamos en los equipos remotos como 100% ausentes (que todos en el equipo están tan dispersos como el viento) o que hay varios miembros que se encuentran en distintas ubicaciones. De hecho, más del 70% de los líderes manifestó que tenía un equipo "híbrido", con un promedio del 50% entre equipos con empleados remotos a tiempo completo y a tiempo parcial. El otro 30% tenía un equipo completo a distancia o gran parte de él (Figura 3). Este es, con mucho, el segmento de la fuerza laboral de más rápido crecimiento. Sin lugar a duda, no abordar esta realidad ahora significará más estrés en el futuro.

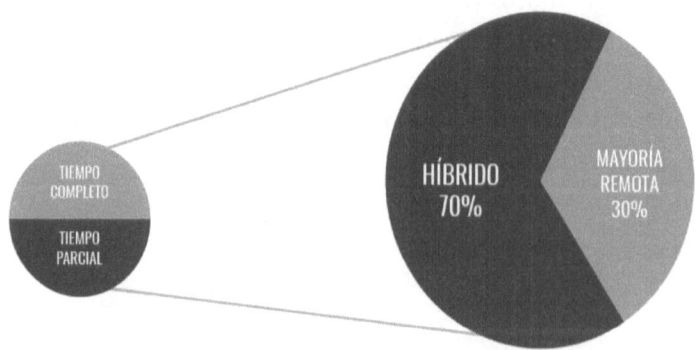

Figuta 3 - Conformación de los equipos actuales

- *Otros datos estadísticos.* El 60% de los encuestados estuvo compuesto por hombres; el 40%, por mujeres; en ambos casos, se trató de población con experiencia: el 34% tenía entre 40 y 49 años y el 37% tenía entre 50 y 59 años. Un sorprendente 19% tenía más de 60 años, lo cual tiene sentido, ya que el 78% de ellos había ocupado cargos administrativos durante ocho años o más, lo cual confirma un punto importante: el tiempo ejercido como líder no parece facilitar la transición que hay que hacer hacia ejercer liderazgo a distancia.

¿Qué está pasando en el mundo?

Encuestamos a un grupo de administradores experimentados en múltiples industrias. Sin embargo, cuando les preguntamos: "¿Cómo va todo?", fue extraño, pero sus respuestas coincidieron. Observa estos ejemplos:

- Más de la mitad afirma que "hace que el trabajo se realice" y un 28% adicional responde que su equipo es "altamente productivo".

- Al preguntarles: "¿En dónde radican los desafíos de productividad?", el 10% responde que los problemas están relacionados con miembros remotos, el 4% afirma que tienen que ver con "el equipo local" y el 69% insiste en que no existe un patrón que determine este aspecto o que es difícil identificar dónde están las raíces de los problemas.

- La confianza está un poco por debajo de la productividad y, aunque la mayoría de los administradores manifiesta que el nivel de confianza es bueno (tanto entre ellos como entre los individuos y entre los distintos miembros del equipo), en este punto, se informan más problemas que en cualquier otra parte de la encuesta. La mayoría de nuestros encuestados coincide en que los niveles de confianza no son dramáticos, pero que esta es una brecha en la que bien vale la pena trabajar.

Las mayores preocupaciones

Por último, hicimos preguntas específicas sobre los desafíos que estos líderes enfrentan. Les formulamos cuatro preguntas comunes que los líderes a distancia se hacen a sí mismos. Los comentarios que recibimos están reflejados en la Figura 4.

La primera pregunta se hace con más frecuencia cuando el trabajo a distancia es nuevo o se desarrolla en organizaciones o industrias donde el nivel de confianza suele ser bajo, incluidos los entornos sindicales altamente regulados y el gobierno. Según nuestra experiencia, el liderazgo sénior está demasiado preocupado con respecto a qué es exactamente lo que la gente está haciendo en un momento determinado. Observa que los líderes a distancia están más preocupados por las últimas tres preguntas, que son más personales.

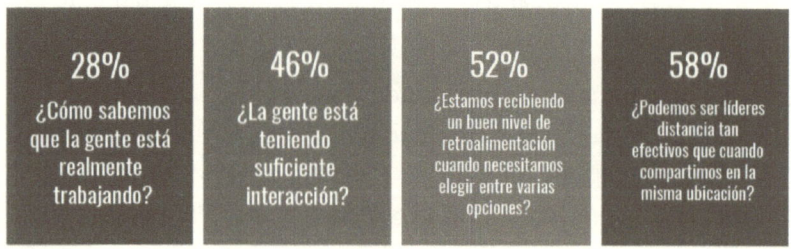

Figura 4 - Las mayores preocupaciones

¿A qué le teme la gente?

A simple vista, pareciera que, en general, todo estuviera bien. Todo tiende a indicar que los líderes se sienten bastante bien con respecto a la gente que lideran y al trabajo que están haciendo. No hay problema. Sin embargo, al analizar los comentarios escritos, descubres que hay grietas que dejan entrever que en realidad sí existen preocupaciones que escuchamos todos los días:

- "Con gente ubicada alrededor del mundo, me es imposible 'desconectarme' de mi trabajo. Estoy conectado las 24 horas del día, los 7 días de la semana, los 365 días del año".
- "Veo que no estamos siendo eficientes en las reuniones. Demasiados miembros de los equipos se desconectan muy rápido o no participan".
- "Existen ciertas divisiones entre los miembros del equipo que trabajan a distancia y los que trabajan en la oficina".
- "No vemos que haya mucho compromiso, ni voluntad de participación, ni un buen nivel de rendimiento en todos los miembros del equipo, sino hasta cuando ya es demasiado tarde".
- "Somos excelentes para realizar labores que estén bien definidas y asignadas. Sin embargo, la dificultad consiste en lograr que alguien proponga nuevas ideas, sepa cómo enfrentar imprevistos o implementar procedimientos que generen nuevos retos".
- "Centrarse en lo urgente versus lo importante es bastante difícil y además no sabes en qué se están centrando los demás".

Podríamos continuar con la lista de dificultades, por supuesto, y compartiremos más comentarios e historias a medida que avancemos, pero esto es lo que nos dicen los datos:

- Los líderes están haciendo que las cosas sucedan en este nuevo entorno, porque están trabajando cada vez más y más duro. Quieren tener éxito en el mundo virtual, pero lo están haciendo con esfuerzo y a base de conjeturas. Creemos que debe haber una mejor manera de liderar.

- Aunque muchas organizaciones están comenzando a planificar el teletrabajo (con políticas y apoyo) y capacitando a sus líderes para que trabajen a distancia, su planificación se queda corta con respecto a la realidad. Así que los líderes se están apoyando en sus propios criterios y haciendo lo mejor que pueden, pues no encuentran el apoyo que necesitan, ni en la capacitación empresarial existente, ni en la literatura comercial en general.

- Muchos líderes están careciendo de confianza en sí mismos. Frases como "nunca estoy seguro…" o "me preocupo por…" hacen parte de sus comentarios diarios. Esta incertidumbre socava su nivel de eficacia y se suma al estrés generado por un panorama nuevo y desconocido en el campo laboral.

- A veces, los líderes experimentados luchan con la tecnología. Como dice la sicóloga Jean Twenge en su libro *iGen*, "los líderes con experiencia están acostumbrados a una forma diferente de trabajar"[2]. Aunque muchos de los ingredientes que produjeron su éxito siguen siendo relevantes, ellos tienen la sensación de que están trabajando con una mano atada a sus espaldas y luchando por conectarse con empleados más jóvenes y conocedores de la tecnología.

- Casi siempre, quienes son nuevos en roles de liderazgo se sienten cómodos con la tecnología, pero carecen de habilidades que son fundamentales en el ejercicio del liderazgo.

Puntos importantes a tener en cuenta

A medida que leas el resto de este libro, he aquí algunos puntos importantes en los cuales pensar:

- El liderazgo a distancia, aunque se está volviendo mucho más común, siempre ha existido. Es posible hacerlo bien y tú tienes todo lo que se necesita para tener éxito en ello.

- Liderar a distancia sigue siendo liderar —y aunque es mucho más lo que sigue igual, es necesario identificar en dónde están las diferencias y saber abordarlas en beneficio de alcanzar el éxito que deseas y que tu equipo se merece.

- Las habilidades que necesitas para comunicar, influir, construir relaciones laborales sólidas e involucrar a tu equipo de trabajo se pueden aprender, desarrollar y reproducir a lo largo y ancho de la organización, pero solo si comprendes en qué consiste la dinámica del trabajo e identificas las brechas existentes en esas habilidades específicas para luego abordarlas de manera consciente.

- No eres solo tú. Las mismas preguntas, dudas e inquietudes que te condujeron a elegir este libro también están desafiando a millones de otros líderes inteligentes, talentosos, dedicados —y que se sienten exhaustos.

Detente y piensa

▶ ¿Cuáles son tus mayores preocupaciones o retos con relación al liderazgo a distancia?

2

Cómo llegamos al liderazgo a distancia

Regla 2 Acepta el hecho de que liderar a distancia requiere que ejerzas tu liderazgo de manera diferente.

"Inquieta yace la cabeza que lleva puesta una corona".
—*Henry IV,* Parte 2, William Shakespeare

Ser líder nunca ha sido una tarea sencilla. La lucha por ser eficaz, lograr tus objetivos (y los de tu organización) y ayudar a quienes lideras a llegar a su destino es una tarea constante. Es todo un desafío y tú lo has aceptado, así que adelante.

Patty es una de esas líderes. Ha trabajado con el mismo equipo durante tres años, con todos sus colaboradores en el mismo lugar, de modo que una gran parte de su actividad social gira en torno al trabajo. Hace dos años, a la gente se le permitía trabajar desde casa si era necesario —tormentas de nieve, hijos enfermos—, pero ahora, la mitad del equipo está fuera de la oficina, mínimo, tres días a la semana. No existe un plan, ni procesos estandarizados y la formación que ella recibió implica que la comunicación sea más que todo cara a cara en la mayoría de los casos. Además, no es que le fascine la tecnología y depende demasiado del correo electrónico. Como resultado, Patty está retrasando el envío de la información y la imparte solo hasta que todos estén presentes, lo cual causa que algunos de ellos no la reciban o que, cuando al fin la reciben, ya no sea oportuna. Esta es una situación frustrante y ella nos ha preguntado: "¿Cómo es que llegamos a este punto?".

Debido a la forma en que hoy en día funcionan los lugares de trabajo, es fácil no percibir los desafíos que surgen, sobre todo, el impacto que genera la comunicación a distancia y a través de la tecnología. Simplemente, nos concentramos en todo aquello que siempre ha hecho que los líderes seamos efectivos. Después de todo, Genghis Khan gobernó la mitad del mundo conocido y jamás tuvo que celebrar una sola reunión vía WebEx. El Sol nunca se ocultó en el Imperio Británico de la Reina Victoria y, sin embargo, no existe ni una sola ocasión registrada en la que haya tenido que realizarse una conferencia telefónica en el reino. No es que otros no hayan liderado a distancia antes que nosotros, ni hay razón alguna para creer que nosotros no podamos hacerlo de una manera más eficaz, productiva y con menos estrés. Lo cierto es que ignorar o disminuir los problemas no cambia el hecho de que ha habido un cambio fundamental tanto en la forma en que las personas trabajan juntas como en la forma en que se espera que los líderes se comuniquen con su equipo. Tal y como Patty lo ha notado, y también su empresa, este cambio ha tenido un impacto profundo en el comportamiento, las actitudes y los resultados del liderazgo.

Cuando Genghis tenía que comunicar una orden, había frente a él gente de carne y hueso, colaboradores profesionales que escribían con cuidado supremo sus palabras y luego se las comunicaban a quienes fuera pertinente hacerlo. Cuando tú necesitas comunicarle una nueva instrucción a tu equipo de trabajo, ¿con qué frecuencia ves un mar de escritorios vacíos (o a los extraños que te rodean en el Starbucks donde estás trabajando) al tiempo que la escribes en tu teléfono, preguntándote si tu equipo la entenderá e implementará?

Puede que siempre hayas sido el solitario que habita en la cima de la montaña, pero ahora estás literal y físicamente solo la mayor parte del tiempo. Cuando la reina Victoria refunfuñaba: "No me diviertes", el bufón al que ella estaba amonestando estaba frente a ella y sabía que se lo decía en serio. Era impensable deshacerse de ella enviándole un "LOL" y un emoji encogiéndose de hombros.

Entonces, es un hecho: el mundo laboral ha cambiado mucho en el último cuarto de siglo. Estas son algunas de las formas en que solía ser:

- *La cantidad de líderes de equipo, administradores y otros empleados que enviaran su propia correspondencia por escrito era muy baja.* Por encima de cierto nivel, en la mayoría de las organizaciones, las cartas y los documentos eran escritos por asistentes, empleados u otros profesionales capacitados para desempeñar ese menester. Además, antes de salir al mundo, toda comunicación era verificada, como mínimo, por otra persona. No tenías autorización (ni existía la manera) de, simplemente, presionar "enviar" o "responder a todos".

- *El correo electrónico no existía para la mayoría de la gente.* Algunos recordamos nuestras primeras cuentas de correo electrónico. No podíamos acceder a ellas excepto por medio de la computadora (casi siempre, en el trabajo) y tampoco había garantía de que tu público objetivo también tuviera acceso a esa misma herramienta. Hoy en día, el correo electrónico es quizá el primer medio de comunicación empresarial (y del que más se quejan).

- *La mayoría de las comunicaciones comerciales que no se realizaban frente a frente se hacían por teléfono.* Hace menos de 15 años, el porcentaje de tiempo que las personas pasaban hablando por teléfono superaba en gran manera el tiempo que hoy dedicamos a leer y escribir correos electrónicos. Ahora, el tiempo dedicado a esas actividades se ha revertido y la tendencia continúa.

- *Los líderes de equipo, supervisores y gerentes tenían en un solo lugar o al alcance de la mano a la gente con la que trabajaban.* Solo los líderes a nivel regional y superior en las grandes empresas tenían que preocuparse por liderar de forma remota a sus equipos. El desarrollo y la formación del liderazgo suponían una gran habilidad para hacer contacto cara a cara. Es posible que esto no coincida con tu realidad actual, pues la mayoría de los líderes afirma que no ha recibido suficiente (o ningún) entrenamiento en cuanto a la verdadera dinámica que se requiere para liderar equipos a distancia e híbridos.

Y hay más cosas que han cambiado durante estos últimos 25 años...

- En la actualidad, según Project Management Institute, el 90% de los equipos de proyectos tiene, por lo menos, un miembro (generalmente, más) que no pertenece a la misma localidad del resto del equipo[1].
- Una cantidad cada vez mayor de equipos de proyectos y grupos de trabajo está compuesta por miembros que no dependen del mismo gerente. Los líderes de estos equipos matriciales deben influir en ellos y liderarlos sin ser sus jefes, ni mantener las tradicionales relaciones laborales en las que los empleados tienen que reportarse y rendirles informes a sus superiores.
- En la actualidad, casi el 80% de los supervisores administrativos tiene, por lo menos, un subordinado directo que trabaja en un lugar diferente, así sea a tiempo parcial[2] —incluyendo a colegas que están al otro lado del mundo hasta algún miembro del equipo que un día decide trabajar desde casa, debido al clima—. El hecho es que

no todos los subordinados están sentados al alcance de la mano del jefe, ni de sus compañeros de labores.

- Las redes sociales y los medios electrónicos han cambiado tanto la forma como el grado de rapidez con que se difunde la información (o desinformación). Antes, solía ocurrir que responder a una solicitud tomara, al menos, el tiempo suficiente para mojar la pluma en tinta y escribir a mano una respuesta para luego colocarla en un sobre y enviarla al otro lado del océano. También ocurría que la persona que necesitara contactarte se comunicara contigo directamente.

Lo importante de todas estas cifras es que nos llevan a comprender cuánto han cambiado las cosas en términos de cómo hacemos hoy nuestro trabajo. Como resultado, surgen dos repercusiones importantes en el trabajo de los líderes:

- Los métodos de comunicación que nos permitieron tener éxito (si es que ya llevamos en esta labor algún tiempo) han cambiado. A lo mejor, eres exitoso y te va muy bien en reuniones frente a frente, pero ¿cuántas de estas tendrás hoy en día? Tal vez, eres un gran oyente, pero si Bob en Dallas solo se comunica contigo a través del correo electrónico, esa fortaleza que hay en ti se anula y surge la pregunta válida de si en realidad ustedes dos están trabajando de la manera más eficaz posible.

- Hoy, la sensación de aislamiento de un líder ya no es una simple cuestión emocional. El líder actual, no se siente solo no más por el hecho de que sea el único responsable de la toma de las decisiones o por el peso de su autoridad o porque se sienta responsable si sus empleados pierden sus trabajos; a menudo, es una realidad que el líder está, físicamente, solo.

Primero, necesitas darte cierto espacio. Después de todo, si has estado haciendo este trabajo durante mucho tiempo, las cosas que se espera que hagas y las herramientas que se espera que uses han cambiado de modo considerable en muy corto tiempo. Ahora, si eres nuevo en el rol de líder, es probable que, así como tú, quienes te asesoren y te enseñen tampoco estén familiarizados con este nuevo modelo de trabajo, dado que, en gran parte, este es todavía un territorio inexplorado.

Antes, cuando tomabas una decisión, hacías una pregunta o le dabas instrucciones a alguien, mirabas a la cara a tu interlocutor o escuchabas su voz. Tenías forma de saber si tus subalternos te entendían o si estaban de acuerdo con lo que estabas diciendo. Recibías comentarios en tiempo real, de tal modo que tenías la posibilidad de entrenar, responder preguntas o cambiar de rumbo al instante. Si necesitabas respuestas, también las recibías de inmediato. Incluso, de vez en cuando, recibías una sonrisa o un "gracias" que te hacía sentir bien. Estas son solo algunas de las recompensas emocionales reales que suelen surgir al ser un líder eficaz.

Pero ahora, lo más probable es que algunas de esas recompensas hagan falta. Al igual que Patty, pareciera como si estuviéramos trabajando en la oscuridad, inseguros de lo que está sucediendo, operando en gran parte por fe (incluso cuando no tenemos mucha) y haciéndolo todo de una manera en que ni nosotros, ni nuestros predecesores lo habíamos hecho hasta ahora.

Uno de nuestros clientes lo expresó así: "Liderar siempre ha sido parecido a pastorear gatos. Pero ahora, estoy tratando de pastorear gatos por correo electrónico".

Por lo tanto, antes de quedar atrapados, pensando en cómo son hoy las cosas y cuánto han cambiado, tomemos un respiro. La verdad es que, si bien ha habido cambios significativos en la forma en que lideramos, el acto de *liderar* en sí mismo no ha cambiado mucho.

> "Liderar siempre ha sido parecido a pastorear gatos. Pero ahora, estoy tratando de pastorear gatos por correo electrónico".

Este es un cambio de primer orden, no de segundo. ¿Cuál es la diferencia? Un cambio de primer orden significa que debemos *hacer las mismas cosas, pero de una manera diferente.* Necesitamos hacerlas más rápido, de modo más inteligente, usando diferentes herramientas, pero las tareas en cuestión son, fundamentalmente, las mismas. Un cambio de segundo orden implica que lo que estamos haciendo no funciona en absoluto y tenemos que hacer algo 100% diferente.

Aquí va un ejemplo: supongamos que uno de los miembros de tu equipo siempre llega tarde al trabajo. Hay diversas formas en que podrías ayudarle a abordar este problema: sugerirle que salga de casa 15 minutos antes, que cambie su ruta hacia el trabajo o incluso que acepte quedarse 15 minutos más tarde cada día para que así realice la misma cantidad de trabajo, en la misma cantidad de tiempo que los demás. Todos esos son cambios de primer orden.

Si esas soluciones no funcionan, procura hacer acuerdos de trabajo con dicha persona, de tal modo que ella se ajuste a las necesidades de la empresa y, de no ser así, sugiérele que busque un nuevo trabajo. Este es un cambio de segundo orden: la forma en que estás haciendo las cosas no funciona, por lo tanto, deberás usar un método 100% distinto.

Ser un líder a larga distancia tiende a parecer radicalmente diferente a como venías trabajando desde hacía tiempo. Lo más seguro es que te sintieras más cómodo cuando compartías un mismo espacio con tu equipo, porque podías verlos a todos cara a cara y con más frecuencia que ahora. Quizás, esos cambios estén generándote un estrés emocional que afecta tu productividad y cuán efectivo sueles ser.

A lo mejor, el problema no sea *aquello* que haces, sino la *forma* en que lo estás haciendo hoy en día. En la siguiente sección, te mostraremos un modelo muy útil para ilustrar este hecho.

Detente y piensa

- ¿Cuál ha sido el cambio más grande en cuanto a la forma en que tu equipo ha estado trabajando durante este último año? Si eres nuevo en este campo y no tienes una respuesta a esta pregunta, entonces, ¿cuál es el cambio más grande que has notado con respecto a la forma en que tus jefes anteriores manejaban su labor de liderazgo?
- ¿Has observado cambios en tu liderazgo, debido al hecho de tener que trabajar separado de tu equipo? Si es así, ¿a qué cambios te refieres?
- ¿Cuál es la parte más estresante de liderar a distancia?
- ¿Qué es funcionar bien? ¿Qué crees tú que no está funcionando bien?

3

Lo que significa liderar a distancia

Regla 3 Comprende que trabajar de forma remota cambia la dinámica interpersonal, incluso si no quieres que así sea.

"A veces, cuando pienso en las tremendas consecuencias que tienen las pequeñas cosas… me siento tentado a pensar… que no hay pequeñas cosas".

—Bruce Barton, ejecutivo de publicidad y congresista de EE. UU.

Ahmed venía siendo supervisor desde hacía un par de años y todo su equipo trabajaba al final del pasillo. Sin embargo, debido a un cambio de política corporativa, ahora, tres de sus miembros trabajan desde casa. Él sabe que el mundo ha cambiado, pero aun así no comprende lo que eso significará para él, ni lo que debe hacer cada día. Con frecuencia, se sorprende al ver que pequeños malentendidos se convierten en problemas y que sus colaboradores malentienden mensajes que él pensó que eran 100% claros.

En este capítulo, hablaremos más sobre la distancia que Ahmed (y tú) están experimentando y lo que esta significa. Queremos ampliar el capítulo anterior para asegurarnos de que sepas dónde te encuentras y hacia dónde quieres ir.

El título de este libro parece bastante simple. Después de todo, un líder a distancia es alguien que lidera desde un lugar físico separado de, mínimo, algunos de los empleados que él dirige. Sin embargo, esta modalidad cubre muchas situaciones, según la forma en que funciona el concepto sobre el lugar de trabajo actual.

Remoto vs. virtual

A continuación, incluimos una terminología básica que será esencial a medida que avancemos. Primero, está el problema de los equipos "remotos" y los equipos "virtuales". Los dos términos se utilizan de modo indistinto, pero eso no significa que sean iguales.

Según la Dra. Karen Sobel Lojeski[1], ex Directora Ejecutiva de la Universidad de Stonybrook (SUNY Stonybrook) y ahora de Virtual Distance International, está es la distinción entre un término y otro: "remoto" es justo eso. Las personas a las que diriges están en otro lugar, al menos, parte del tiempo. Quizá, seas un gerente de ventas y diriges un equipo que trabaja de un lado para otro, cuyos miembros suelen estar conectados por medio de sus computadoras portátiles y sus teléfonos. A lo mejor, eres un líder de proyecto con miembros de equipo dispersos desde Bangor hasta Bangalore. O la empresa que diriges tiene una única ubicación, pero hay un miembro del equipo que, debido a las necesidades de cuidado de sus hijos, trabaja desde casa un día a la semana.

El caso es que lo común de estos equipos es que sus miembros no están físicamente cerca unos de otros. Carecen de señales visuales y de otro tipo de señales que suelen proporcionar interacción frecuente y exposición mutua. Su intercomunicación ocurre por medio de pantallas y correos electrónicos. Sin embargo, la estructura de los informes y el equilibrio de poder es bastante tradicional. Las cosas son diferentes, pero en un grado mucho menor de lo que parecen ser en un principio.

Por su parte, la distancia virtual es más complicada. En esencia, la comunicación se realiza a través de la tecnología y es posible que la distancia te separe del grupo, pero existen diferencias estructurales en cuanto a la relación. Si lideras un proyecto en el que tu equipo está conformado por personas de diferentes departamentos, por ejemplo, es posible que tengas toda la responsabilidad de un líder, pero ninguna autoridad real. Los equipos de proyectos y los equipos ad hoc suelen ser "virtuales"; es decir, hay un director de proyecto o un líder, pero esa persona puede no tener poder de supervisión directo; todos los miembros del equipo tienen un "jefe real" al que ellos le reportan. Esto hace que la influencia, más que la autoridad, sea la principal forma de hacer las cosas. Las palancas tradicionales del poder ("Yo soy el jefe, tú tienes que hacer lo que yo digo") no son tan simples como en el pasado. Es difícil imponer autoridad a través de una línea telefónica.

Además, la distancia virtual puede ser emocional. Si tienes un compañero de trabajo que prefiere enviarte un correo electrónico en lugar de hablar contigo, existe una distancia virtual, aunque la "distancia remota" sea más fácil de solucionar. Ahora, imagínate que tú y él están literalmente fuera de la vista el uno del otro (no podrían ir caminando hasta sus oficinas si quisieran). ¿Cuánto más difícil será?

Clases de equipos

También debemos tener claro lo que queremos decir cuando hablamos de dinámica de equipo. Ya sea que se trate de un equipo funcional, un equipo de proyecto o de una campaña política, existen tres tipos de equipos con los que los líderes trabajarán hoy en día:

- *Equipos ubicados en un mismo sitio.* Aquí, todo el mundo trabaja en el mismo lugar la gran parte del tiempo. Así fueron los equipos en los que la mayoría de nosotros creció.

- *Equipos 100% remotos.* Los integrantes del equipo trabajan juntos hacia un objetivo común, pero hacen la mayor parte de su trabajo físicamente separados unos de otros. Entonces, gran parte de la comunicación no será frente a frente. Un ejemplo clásico es un gerente de ventas con un subordinado directo por región.

- *Equipos híbridos.* Algunos miembros comparten un mismo espacio de trabajo, mientras otros están en otros lugares. Esta modalidad incluiría teletrabajadores a tiempo completo, empleados en otras oficinas o incluso aquellos que trabajan en el sitio de un cliente. Un subconjunto del equipo híbrido es cuando los miembros trabajan desde casa un par de días a la semana o cuando necesitan hacerlo. Si alguna vez has participado en una reunión con algunas personas en una sala de conferencias y con otras a través de un altavoz, sabrás que en el mundo laboral de hoy existen algunos desafíos únicos. Uno de los desafíos de cambio más rápidos para los equipos híbridos es que las personas cambian con frecuencia el lugar desde donde trabajan (a veces, están en la oficina; a veces, están fuera de ella), por lo que los procesos y el acceso a la información tienden a cambiar casi a diario. Tu equipo bien puede ser un híbrido, dado que la mayoría de sus miembros está en la oficina un día y 100% virtual al día siguiente.

Cada uno de estos tipos de equipos tienen cosas en común (necesitan hacer el trabajo, intercambiar información y apoyarse en el trabajo de los demás) y desafíos únicos (gerenciar cuando vas de un lado para otro no funciona igual de bien cuando tú estás en Seattle y parte de tu equipo está en Sydney o Singapur). Por esto, a través de este libro, nuestro enfoque estará puesto en equipos completamente remotos e híbridos.

Más allá de estas distinciones, existen más diferencias entre los equipos remotos o híbridos, según sea el contexto del trabajo. Se trata de lo siguiente:

- *Equipos de ventas.* Si tienes un equipo de vendedores, lo más probable es que alguna vez tú hayas sido uno de esos vendedores. Los equipos de ventas han estado haciendo su labor de manera remota desde hace tiempo, lo cual podría significar que ellos experimentan menos dolor al trabajar de esa forma o, como hemos descubierto a menudo, simplemente, significa que ellos no saben cuánto mejor podría ser su labor. El caso es que los equipos de ventas han aceptado y enfrentado los problemas y las dificultades de trabajar a distancia.

- *Equipos de proyectos o ad hoc.* Estos equipos suelen tener un tiempo de duración más corto, con resultados de alto riesgo en juego. Es posible que estés liderando un equipo de proyecto y que no haya algunos (o ninguno) de los miembros del equipo que te reporten su trabajo.

- *Equipos de colaboradores individuales.* Casi siempre, los equipos de ventas pertenecen a esta categoría, pero no son el único ejemplo. Cuando lideras un equipo de colaboradores individuales, lo más probable es que el enfoque en el trabajo en equipo y la colaboración a distancia no sean tan fuertes, pero, aun así, debes evitar que ellos se aíslen demasiado o que tengan una mentalidad individualizada, pues todavía siguen perteneciendo a un equipo, con metas y objetivos de equipo.

- *Equipos globales.* Llega un momento en que, si los miembros del equipo no están en la misma locación que tú, no importa qué tan lejos estén de allí… excepto cuando las diferencias culturales y en las zonas horarias hacen que la comunicación y la construcción de relaciones sean todavía más desafiantes.

Lo que no ha cambiado

Desde hace ya varios meses, Kevin ha tenido esta pregunta en su pizarra: *"¿Cómo cambia el liderazgo y qué no debería cambiar?"* En muchos sentidos, este cuestionamiento resume esta sección del libro y, sin lugar a duda, es el tema central de este capítulo.

Primero, esto es lo que no debería cambiar...

- *El enfoque principal del líder.* Bien sea que tus colaboradores estén al salir de la puerta de tu oficina o al final del pasillo, en el almacén, en otra zona horaria o en otro país, el liderazgo sigue siendo una cuestión entre seres humanos. Con demasiada frecuencia, los líderes quieren pasar a los detalles de la situación que enfrentan o del contexto que los rodea sin recordar primero que los miembros de su equipo tienen sentimientos, emociones, necesidades y objetivos personales que deben tenerse en cuenta. Recuerda esto y básate siempre en la idea de que todo comienza con las personas, así estarás comenzando en el lugar correcto.

- *Los fundamentos del comportamiento humano.* Dado que estás dirigiendo personas, cuanto más comprendas su sicología (sus deseos, necesidades, miedos y ansiedades), más éxito tendrás con ellas. Al contrario de lo que leerás en la prensa comercial popular o de moda, los fundamentos del comportamiento humano no han cambiado, porque la gente trabaje desde lugares diferentes, use cierto tipo de tecnología o nació en un año determinado. Hablaremos de estos fundamentos a lo largo del libro.

- *Los principios del liderazgo.* Junto con los fundamentos del comportamiento humano existen habilidades y características que nos llevan a seguir a ciertos líderes más que a otros. Estos rasgos, características y habilidades no han cambiado a medida que los miembros de los equipos han ido emigrando de sus lugares de trabajo a sus hogares o a la ubicación de un cliente.

- *Los roles de los líderes.* Independientemente de dónde se encuentre el equipo, se les pide a los líderes que entrenen, influyan y comuniquen. Se espera que ellos se unan a sus equipos y colaboren con ellos, que establezcan metas y lideren el cambio. Hablamos un poco sobre este aspecto en el Capítulo 1, pero merece un recordatorio aquí: los roles básicos que se esperan de los líderes no han cambiado a medida que los equipos de trabajo se han ido dispersando.

- *Las altas expectativas acerca de nuestro óptimo nivel de producción.* Nuestras organizaciones aún quieren que logremos los objetivos de producción, terminemos proyectos valiosos, logremos una meta financiera fijada, trabajemos de manera segura y cumplamos cientos de objetivos más. Sin lugar a duda, ninguno de estos objetivos laborales de alto nivel cambia cuando las personas trabajan en diferentes lugares.

Ahora, si bien es cierto que estas cosas importantes no han cambiado, también es cierto que debemos reconocer y abordar las diferencias causadas por la distancia o, de lo contrario, al igual que Ahmed, experimentaremos frustración y nos encontraremos frente a sorpresas inesperadas.

Lo que ha cambiado

Estás leyendo este libro, porque algo ha cambiado drásticamente en tu forma de trabajar. Lo más probable es que sea uno o más de los siguientes aspectos.

El lugar de trabajo

Trabajamos con organizaciones que hablan sobre liderar equipos en distintos pisos o en diferentes locaciones dentro de los mismos campus corporativos. No hay duda de que algunos de los factores relacionados con el trabajo a larga distancia —a los cuales nos referiremos en este libro— son válidos incluso a corta distancia. Lo que está cambiando es cuán geográficamente dispersos nos hemos vuelto. Kevin ha liderado durante muchos años un equipo distribuido en 75 millas, pero ahora, ese equipo se extiende desde Richmond, Virginia, Chicago, Phoenix, Fort Wayne, Indianápolis y va más allá. Sin embargo, es casi seguro que este no está tan disperso como las distancias a los que muchos de nuestros lectores se enfrentan, con equipos que abarcan el mundo entero, desde Dallas, Texas, hasta Dubái; desde Dublín a Danforth, Illinois. Con seguridad, estos cambios geográficos importan, sobre todo, de diferentes maneras a las que uno podría pensar inicialmente.

Además, no solo nos enfrentamos a las distancias, sino también a diversidad de zonas horarias, normas y expectativas culturales y, en general, a más complejidad para realizar nuestro trabajo como líderes… como si liderar no fuera ya lo suficientemente complicado.

Estás fuera de vista

Parece obvio, pero es necesario decir que, cuando lideras a distancia, las personas sobre las cuales quieres influir no te ven con tanta frecuencia.

Si quieres liderar con el ejemplo, es mucho más fácil si la gente te ve. Si quieres que los demás se ayuden unos a otros, ellos deben ver que tú estás dispuesto a involucrarte y colaborar; después de todo, si no estás por encima de la eventualidad de tener que hacer el trabajo sucio, la gente lo notará. Aquellos que están físicamente a tu alrededor verán si tu comportamiento es o no consistente con tus valores.

Cuando compartes espacio con otras personas, ellas te harán preguntas sobre la marcha o te solicitarán una reunión en cualquier momento, porque tu puerta está abierta o saben que estás cerca. En cambio, quienes no están en la misma localidad que tú no tienen clara cuál es tu forma de liderar, de modo que debes tener procesos que te permitan superar este tipo de dilemas.

Por extraño que te parezca al principio, tu presencia física transmite el poder de tu posición y tu voluntad de liderar. Si los miembros de tu equipo necesitan programar una reunión contigo, si no están seguros de si ahora es un buen momento para hacerte una pregunta, si no han desarrollado una cálida relación personal contigo, entonces, tú tienes problemas que superar, tanto inmediatos como a largo plazo.

Ya sea que estemos hablando de presencia física real o de "presencia virtual" por medio de la cual estás disponible y visible para tu gente, "ser visto" es fundamental para el liderazgo y es un aspecto que se ve afectado en una relación a larga distancia.

La tecnología

Kevin inició su empresa con una máquina de fax e internet a través de CompuServe. Además de contarte que Kevin ha estado en esta labor desde hace tiempo, estos detalles nos recuerdan cuánto ha cambiado y seguirá cambiando el mundo de la tecnología. Reconocer la tecnología que tienes a tu disposición y usarla de manera apropiada y efectiva es una gran palanca para lograr tener éxito como líder a distancia. Mantenerte al día con las nuevas herramientas que hacen que tu trabajo y comunicación sean más efectivos es parte de tu labor como líder.

Si tú no estás utilizando las herramientas disponibles, tu equipo tampoco. Y si no las usas bien, la resistencia hacia ellas aumentará. Si tu equipo de trabajo no tiene un modelo de éxito, porque tú no estás usando las herramientas bien o en absoluto, necesitarás buena suerte para hacer que ellos las utilicen.

Si eres un líder a distancia y quizás, o especialmente, si eres de nuestra generación, esto significa que deberás fomentar el uso de las herramientas adecuadas en los momentos adecuados y que tú también debes usarlas.

Relaciones de trabajo

Aunque las personas no están trabajando en la misma locación o en el mismo piso, aun así, trabajan juntas, se entregan el trabajo realizado las unas a las otras y, por lo tanto, deben comunicarse con éxito.

Y aunque las relaciones no se desarrollan o mejoran por el simple hecho de la interacción cara a cara, día tras día, el contacto personal sí le proporciona cierto impulso a la construcción de ellas. Por lo tanto, la necesidad de las relaciones laborales (tanto a nivel práctico como sicológico) no cambia cuando las personas trabajan entre sí y de forma remota, pero las oportunidades y el contexto para construirlas sí cambian drásticamente. Por esta razón, aprender a construirlas y a mantenerlas es siempre una parte importante de tu trabajo como líder.

Y, por último, pero no menos importante... *la comunicación virtual cambia la dinámica interpersonal, incluso si tú no quieres que así sea.* Como líder a distancia, se vuelve más difícil, y quizás hasta más importante, que sepas cómo fomentar de manera intencional las relaciones con todos los miembros de tu equipo.

Obtienes menos señales de comunicación

Cuando hablas con tu interlocutor frente a frente, recibes retroalimentación inmediata. Algunas veces, con un propósito —por razones específicas, la gente quiere hacerte preguntas o comentarios y, como líder, parte de tu función es generar respuestas honestas a dichas preguntas y a sus comentarios—. Mucha de esta retroalimentación es involuntaria; a lo mejor se trata de una amplia sonrisa de aceptación o de un ceño fruncido que te indica que necesitas ajustar tu mensaje, repetirlo, verificar que te lo entendieron bien u obtener más información antes de continuar. Es indudable que, sobre la marcha, ajustamos de modo constante y natural nuestros mensajes en función de esas respuestas que obtenemos en tiempo real.

En cambio, cuando trabajas a distancia, el equilibrio en los modos de comunicación cambia. Piensa en qué tanta interacción tiene lugar por escrito. Los correos electrónicos, los mensajes de texto y la comunicación en línea son los métodos más frecuentes para transmitir información de un lado a otro y suelen ser impersonales y frívolos. Este es sin duda un estilo de comunicación unidireccional y exige que perfecciones al máximo posible todas tus habilidades de comunicación, no solo las verbales.

Cuando hablamos, lo hacemos por teléfono, solo con nuestro tono de voz y con nuestras palabras, sin la evidencia, ni el apoyo de las sonrisas, ni de la gesticulación, ni de la postura corporal que nos ayudan a afianzar nuestro mensaje. E incluso cuando la gente puede vernos (si usamos cámaras web o videoconferencia), existe una separación consciente de nuestra audiencia que el video por sí solo no puede superar por completo.

Entonces, en un mundo donde faltan esas señales inmediatas, debes asegurarte de que tu mensaje se entienda fácilmente y de encontrar otras formas que te permitan recibir señales que son cruciales. Claro, enviaste ese correo electrónico informando que decidiste cambiar la forma en que va a funcionar el proceso que vienes implementando en el manejo de la cuenta de Jackson. Pero, ¿significa eso que los destinatarios de ese correo realmente tienen la información que necesitan para saber cómo responderte o de qué manera les afectará tu mensaje? ¿Estarán aceptando con entusiasmo la noticia o se estarán volviendo locos y enviándose frenéticos mensajes instantáneos mientras tú estás pensando que todo va bien?

Todos nos hemos pasado la vida aprendiendo a comunicarnos en persona y ahora estamos realizando nuestro trabajo más importante de maneras en las que tendemos a ser menos efectivos y con las cuales nos sentimos menos cómodos.

La información termina por filtrarse

Con frecuencia, la forma en que se recibe la información se filtra y se esparce de formas inesperadas o no intencionadas.

Como líder, no te limites a enviar mensajes. Los recibes… en cantidades masivas y en múltiples formas. Cuando trabajas cerca de la gente, puedes entrar a hacer una charla aclaratoria o ver el lenguaje corporal de los demás en el mismo instante en que ellos te dan malas noticias y de inmediato tú respondes en consecuencia. En cambio, cuando recibes información por teléfono, sin un contexto específico o sin previo aviso, es difícil asegurarte de que en realidad estás leyendo con atención, procesando la información con claridad y respondiendo de manera que te sientas orgulloso de tus respuestas.

Tu enfoque acerca del liderazgo podría estar desactualizado

Para muchos de nosotros, nuestras primeras experiencias de liderazgo ocurrieron cuando todo nuestro equipo trabajaba en un mismo lugar. Podíamos caminar por nuestro lugar de trabajo y ver quién estaba (o al menos, parecía estar) trabajando y quién no. Escuchábamos conversaciones o veíamos acciones y podíamos responder de manera proactiva e inmediata.

Así como nosotros, es posible que tú también hayas tenido líderes que confiaban en el antiguo método de "comando y control" para hacer las cosas ("Porque yo lo digo"). Debido a que estaban cerca o podían entrar en cualquier momento, ellos tenían la posibilidad de ver todo lo que hacíamos y se aseguraban de que lo hiciéramos tal y como ellos querían. Y aunque fuera bueno o malo, por lo menos, existía la *posibilidad* de hacerlo de ese modo.

Pero cuando tu equipo está disperso por los rincones más lejanos del continente es imposible saber lo que cada uno está haciendo todo el tiempo. Incluso si quisieras monitorear absolutamente todo lo que ellos hacen y asegurarte de que la gente no esté holgazaneando, sería imposible hacerlo. Además, es importante que te preguntes por qué querrías hacerlo. Entonces, dado que no tienes cómo saber con exactitud qué están haciendo todos tus colaboradores en un momento dado, debes encontrar formas de asegurarte de que ellos tengan la orientación adecuada para realizar sus tareas, de que tengan claras las métricas y te comuniquen su progreso de manera que te brinden lo que necesitas para mantenerte al día en cuanto al estado del proceso —conservando también tu cordura—. Dicho de otra manera, para liderar a distancia con éxito, es crucial generar una mayor confianza con los miembros de tu equipo —el mando y el control no funcionarán y te volverán loco si intentas liderar de esa forma.

(Algunas de) las necesidades de la gente cambian

Las necesidades básicas de los seres humanos no cambian, pero el contexto de los lugares de trabajo puede hacer que algunas necesidades sean más importantes u obvias que en el pasado. Si tienes miembros del equipo que trabajan a distancia desde su casa, es posible que ellos tengan necesidades de interacción que antes se cumplían en el lugar de trabajo y que ahora les hace falta. Lo que esto significa es que, como líder a larga distancia, debes darte cuenta de las necesidades que surgen y encontrar formas de ayudar a satisfacerlas. ¿Por qué? Porque a medida que las personas satisfacen esas necesidades son más capaces de concentrarse y realizar su trabajo con éxito.

Como líder a larga distancia, se vuelve más difícil —y quizá, más importante— fomentar intencionalmente las relaciones entre todos los miembros de tu equipo.

Esto no solo es cierto para los más extrovertidos, quienes tienden a extrañar más la interacción y el fluir de la vida en comunidad, a medida que trabajan a distancia. En este mundo conectado digitalmente, las personas se han vuelto cada vez más aisladas unas de otras físicamente y el lugar de trabajo ha sido para muchas ese oasis de conexión. Ahora que la gente trabaja desde casa, nosotros, como líderes, debemos ser conscientes de estas necesidades. Entonces, si les ayudamos a satisfacerlas y los alentamos a que lo hagan, no solo conseguiremos colaboradores más productivos, sino también más sanos y menos estresados.

Más enfoque en el trabajo individual

Con frecuencia, a medida que las personas trabajan a distancia, su trabajo se centra más en tareas y contribuciones individuales. Este cambio a un enfoque individual y lejos del "equipo" no es necesariamente malo; en algunos casos, lo más probable es que conduzca a mejores resultados. Sin embargo, es un cambio que debe ser reconocido por la organización, por nosotros como líderes y quizá, lo más importante, por quienes realizan el trabajo. Reconocer este enfoque y hacerlo evidente, y al mismo tiempo no individualizar demasiado y de manera inadvertida, es un matiz que vale la pena señalar.

Trabajando aislados

Liderar a distancia es, literalmente, un trabajo solitario.

Si bien es fascinante tener tiempo ininterrumpido para hacer tu trabajo, parte de la alegría del liderazgo es estar con otras personas, escuchar otras opiniones, obtener respuestas oportunas a preguntas, etc. Intercambiar y desarrollar ideas es una parte emocionante de esta labor.

Pero ¿a dónde recurres cuando tienes una simple pregunta por hacer? ¿Tienes acceso a asesores de confianza cuando tienes dudas? ¿Cuentas con alguna forma de verificar tus suposiciones? ¿O se te ocurre una idea y lanzas órdenes a diestra y siniestra sin que alguien cercano a ti las analice primero? Además, no tienes cómo ver con qué grado de aceptación reciben los demás tus ideas, ni escuchas buenas noticias de primera mano… sin mencionar el hecho de poder celebrar con una pizza o con una torta de cumpleaños en la sala de descanso de tu empresa.

Nuestra encuesta confirma que sentirse aislados de sus equipos es una gran preocupación para los líderes e impacta su efectividad y su nivel de satisfacción laboral. Pero ¿a quién se supone que debes acudir en busca de información, inspiración y compañía en un lugar de trabajo cada vez más distante?

¿Ahora qué?

Sí, ser un líder a larga distancia es difícil. Sin embargo, tampoco es imposible. (Recuerda, Genghis Khan y la reina Victoria lo hicieron... y tú también puedes hacerlo). Lo que necesitas es pensar en tu trabajo de nuevas maneras, ser consciente de las dinámicas cambiantes que te afectan no solo a ti, sino también a tu trabajo y luego cambiar algunos comportamientos.

En el resto de este libro, veremos cada uno de los desafíos que enfrentamos como líderes, cómo nos afecta el liderazgo a distancia, así como las nuevas actitudes, los puntos de vista y los comportamientos que tendremos que aplicar ante estos cambios.

Detente y piensa

- ▷ ¿Qué clase de equipo tienes y cómo lo lideras?
- ▷ ¿Cómo ha cambiado la distancia la forma en que trabaja tu equipo y tu nivel de efectividad?
- ▷ ¿Cómo ha cambiado tu liderazgo al trabajar con equipos distantes?
- ▷ ¿Cuáles de los cambios que han surgido te impactan más?

Sección 2

Modelos de liderazgo

4

El modelo de liderazgo a distancia

Regla 4 Utiliza la tecnología como una herramienta, no la veas como una barrera, ni como una excusa.

"Todas las herramientas, todas las técnicas y toda la tecnología del mundo no son nada sin una cabeza, un corazón y unas manos que las usen con sabiduría, serenidad y cuidado".

—Rasheed Ogunlaru, orador y entrenador

Alan ha estado liderando con éxito desde hace mucho tiempo. Cuando la compañía permitió que algunos miembros del equipo trabajaran desde casa y luego cambió el organigrama para que ciertos empleados de la planta de Mobile le informaran, ni él, ni su jefe pensaron mucho en ello. Él conocía a todos los miembros del equipo y ellos lo conocían a él; además, conocía el trabajo y sabía liderar. Cuando IT le dio acceso a una nueva tecnología, Alan pensó: "No la necesito, yo ya tengo todas las herramientas para hacer mi trabajo y me están funcionando a la perfección".

Entonces, si ser un líder a distancia no es *realmente* tan diferente, ¿por qué te sientes más solo, más estresado y liderar te parece más difícil?

Después de pensarlo mucho y de discutirlo con líderes a distancia, se nos ocurrió un modelo simple que transmite un gran mensaje. Lo llamamos Modelo de liderazgo a distancia (Figura 5).

Dicho modelo muestra tres engranajes interfuncionales que trabajan juntos para impulsar el trabajo a distancia. El engranaje más grande se llama "Liderazgo y administración", que es

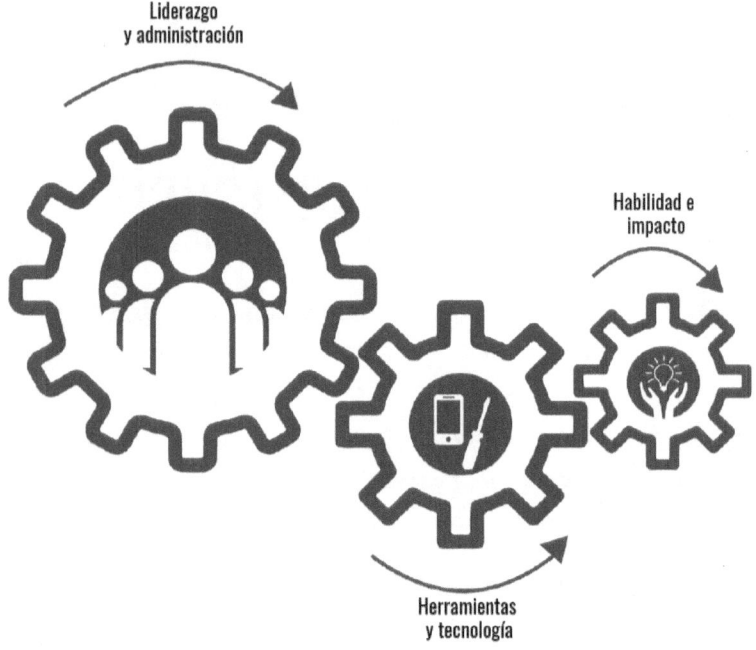

Figura 5 - Modelo de liderazgo a distancia

el trabajo para el que fuiste contratado. El segundo engranaje, que es más pequeño, pero crucial, es el de "Herramientas y tecnología" y es el que debes utilizar para que el trabajo se realice a distancia. Finalmente, el engranaje más pequeño es "Habilidad e impacto", es decir, la capacidad de usar bien esas herramientas. Aunque es el engranaje más pequeño, no puedes ignorarlo, ni descartar su importancia.

Desglosémoslos un poco más.

El engranaje del liderazgo y la administración

Este engranaje nos recuerda que nuestro trabajo como líderes —los comportamientos del liderazgo y la administración que se espera que modelemos— es el mismo de siempre. *Lo que* se supone que debemos hacer (las expectativas) no ha cambiado mucho desde que el director del proyecto de las pirámides hizo su labor. Independientemente de si nuestra gente comparte una misma locación o está dispersa por todo el mundo, las siguientes son las habilidades que se esperan por parte de los líderes.

En su libro *Remarkable Leadership,* Kevin describió 13 competencias que aplican a todos los líderes. De modo que, para mejorar tu efectividad, debes continuar desarrollándote en estas áreas de competencia. Los líderes notables:

1. Siempre están aprendiendo
2. Defienden el cambio
3. Saben comunicarse con poder
4. Construyen relaciones
5. Contribuyen al desarrollo de otros
6. Se centran en los clientes
7. Influyen de maneras impactantes
8. Piensan y actúan con creatividad
9. Valoran la colaboración y el trabajo en equipo
10. Resuelven problemas y toman decisiones
11. Asumen la responsabilidad y rinden cuentas
12. Gestionan proyectos y procesos con éxito
13. Establecen metas y apoyan el logro de las mismas

Quizá, quieras objetar con respecto a esta lista o argumentar si algunas de las competencias pertenecen o no a ella o cómo etiquetarlas, pero lo que no puedes afirmar que liderar a distancia hace que cualquiera de esos comportamientos sea menos importante. Además, liderar así no le aporta mucho a este menú tan completo. El trabajo de liderar sigue siendo el mismo ya sea que estén todos los miembros de un equipo juntos o no. Tú deberás ejercer tu liderazgo, bien sea que haya personas frente a la puerta de tu oficina o que todas estén en Guam.

Qué tan bien has demostrado tus habilidades en esas áreas es otra pregunta para otro momento, pero hasta hace poco, solo teníamos que desempeñar nuestras tareas de la manera antigua: juntos en el mismo lugar y casi cara a cara. Este ya no es el caso.

La diferencia radica en los siguientes dos engranajes. Más pequeño no es igual a insignificante; la antigua expresión "pequeñas bisagras que abren grandes puertas" es tan cierta ahora como siempre lo ha sido.

El engranaje de las herramientas y la tecnología

Este engranaje intermedio es tal vez la diferencia más importante cuando se lidera a distancia. Se espera que los líderes muestren todos los comportamientos de liderazgo que hemos mencionado y que lo hagan utilizando herramientas y tecnología con las que es muy posible que ellos no se sientan cómodos. Eso es más trascendental de lo que piensas.

Si eres estadounidense y alguna vez has conducido en Inglaterra, lo más seguro es que hayas arriesgado tu vida en ese intento. A primera vista, conducir un automóvil es conducir un automóvil: cuatro ruedas, volante, motor de combustión, parabrisas en la parte delantera —en más del 90% es lo mismo que conducir en tu propio vecindario—. Las únicas diferencias son que el volante está del otro lado del automóvil y que tú conduces del otro lado de la carretera.

Estas "pequeñas diferencias" han dado lugar a una gran cantidad de impulsos producto de estrés y casi que a accidentes. Y no se trata solo de conducir. Hasta el acto de caminar se ve afectado por la dirección del tráfico. La ciudad de Londres ha pintado flechas en las calles que, en esencia, lo que dicen es: "Oye, estúpido turista, el autobús viene por el otro lado; fíjate por dónde pisas". Así que, como verás, ese es un pequeño cambio que podría marcar la diferencia entre unas vacaciones sin preocupaciones y una visita a una Sala de Emergencias.

¿Cómo impacta la tecnología tu labor de liderazgo? Lo más probable será que sientas esas diferencias cada vez que quieras hacer una pregunta compleja, pero prefieras conformarte con enviar un correo electrónico o cuando sepas que debes tener una sesión de coaching que es esencial y accedas a hacerla por teléfono (donde no puedes ver el brillo de felicidad en los ojos de tu interlocutor, ni alguna mirada de pánico en su rostro). Hacer una presentación a través de la tecnología que se usa en la realización de los seminarios web tampoco es tan gratificante como estar al frente de una multitud reunida, recibiendo energía a través de las risas y los aplausos de la audiencia.

Este engranaje plantea tres preguntas importantes:

- ¿Qué herramientas tienes a tu disposición que te ayuden a hacer tu labor?
- ¿Estás utilizando la herramienta adecuada para el trabajo adecuado?
- ¿Confías demasiado en herramientas con las cuales te sientes cómodo?

Al igual que sucede con tantas cosas en la vida, usar la herramienta incorrecta para el trabajo suele ser frustrante y disminuye tu efectividad. Esto es importante, porque tienes un trabajo exigente como líder, con muchas cosas que deben salirte bien. No querrás estar "conduciendo por el lado equivocado de la carretera". Es indudable que eso complicaría las cosas, pero ese no es el único problema.

El engranaje de habilidad e impacto

El tercer engranaje (y el más pequeño) es el concepto más simple, el más fácil de mantener, pero a menudo, es el que tiende a causar los mayores problemas. Tener una idea clara de lo que debes hacer es importante y elegir la herramienta adecuada para ejecutarlo es crucial. Pero si no puedes utilizar de forma eficaz la herramienta que has elegido, ni todo el trabajo arduo que realices, ni las mejores intenciones del mundo harán que realices tu labor.

A continuación, te mostramos algunas estadísticas importantes:

- Los desarrolladores de software conocen una regla general que se aplica a casi todas las herramientas de software jamás creadas: el 80% de las personas usa el 20% de las funciones[1]. Tener una herramienta sólida como WebEx o Skype para negocios no te ayudará a superar los desafíos de la comunicación a distancia si no utilizas las funciones que hay a tu disposición.

- Dos estudios de Sloan–Cap Gemini de MIT muestran que los líderes que usan la tecnología y se sienten cómodos con ella tienden a obtener una calificación mucho más alta en otras áreas de liderazgo que aquellos que no lo hacen. Sin embargo, una gran cantidad de ellos (la gran mayoría) no se siente cómoda o confiada al usar las herramientas tecnológicas que tiene a su disposición[2].

- En numerosas conversaciones privadas y extraoficiales, tanto aquellos que trabajan para plataformas de software conocidas, como sus revendedores, nos han contado la misma historia. Dos tercios o más de quienes obtienen licencias para usar las herramientas de reuniones web nunca reciben capacitación o asesoramiento, fuera de los tutoriales que ellos mismos hacen en línea, los cuales a muchas personas les parecen extremadamente insatisfactorios. Como dijo un revendedor: "Es algo así como 'Aquí está su licencia de_____. Procure no perjudicar a nadie'".

No solo tenemos herramientas con las que no estamos familiarizados, sino que no las usamos bien, lo cual socava nuestra credibilidad y nivel de eficacia. Esto es cierto para cualquiera que intente comunicarse hoy, pero existen desafíos adicionales para los líderes:

- Los líderes suelen tener más edad y/o experiencia que aquellos a quienes ellos dirigen y, por lo tanto, pueden ser más testarudos a la adopción de nuevas tecnologías o, en el mejor de los casos, al principio, se sienten incómodos con ellas.
- Incluso si deseas adoptar nuevas tecnologías, lo más probable es que estés por debajo de la curva de aprendizaje en comparación con aquellos con quienes trabajas o con los grupos que lideras.
- La paradoja es que, si no usas las herramientas tecnológicas, parecerás anticuado e incompetente, sin embargo, no las adoptas, porque tienes miedo de sentirte incómodo y de quedar como un líder obsoleto e ineficaz.

El modelo de liderazgo a distancia muestra que este tipo de liderazgo es un trabajo arduo en el cual es difícil sobresalir. Se te pide que hagas tu trabajo de una manera que nunca antes lo habías hecho, utilizando herramientas en las que no confías en cuanto a su capacidad para tener éxito. La lección del modelo de liderazgo a distancia es simple: el trabajo de liderar, *lo que hacemos*, no ha cambiado tanto como *la forma en que lo hacemos*.

Durante el resto del libro, estableceremos distinciones constantes entre cómo siempre se ha liderado en el pasado y cómo es necesario pensar y actuar en el lugar de trabajo actual, porque eso es lo que realmente ha cambiado para todos nosotros.

Detente y piensa

Toma un momento para revisar el modelo de liderazgo a distancia y pregúntate lo siguiente:

- ¿Qué tan cómodo te sientes con el engranaje de liderazgo y administración? En una escala del 1 al 5 (no muy efectivo a muy efectivo), ¿en qué áreas de la lista de las 13 competencias que aparece en la sección de liderazgo y administración de este capítulo crees que te destacas? ¿En cuáles necesitas crecer?

- ¿Cómo te sientes con relación al engranaje de herramientas y tecnología? En una escala del 1 al 5, ¿qué herramientas te están sirviendo en el área de comunicación y en el desarrollo de tu trabajo? (Por ejemplo, Skype, WebEx, Dropbox)? ¿Cuál no te parece eficiente o no te ofrece mayores beneficios?

- Piensa en alguna ocasión en que ignoraste o no utilizaste la tecnología y después deseaste haberla usado. ¿Qué pasó y por qué lo harías diferente la próxima vez?

- ¿Cómo te sientes frente al engranaje de habilidad e impacto? En una escala del 1 al 5, ¿con cuánta confianza y eficacia estás usando la tecnología en el área de comunicación?

- Basado en estas respuestas, ¿qué nuevas habilidades te gustaría implementar y desarrollar, dado que te ayudarían a ejercer un mejor liderazgo a distancia?

5

El modelo de liderazgo de las tres Os

Regla 5   Liderar requiere centrarnos en los resultados, en los demás y en nosotros mismos.

"El líder más grande no es necesariamente aquel que hace las cosas más grandes. Es quien hace que la gente haga cosas grandes".

—Ronald Reagan

Connie es una directora de proyectos novata, con un equipo diseminado a lo largo y ancho de las Américas. Es una líder que está haciendo su trabajo, pero está comenzando a sentir el estrés de tener que trabajar más allá de su zona de confort. Aunque su proyecto está dentro del cronograma y del presupuesto que le fueron asignados, ha estado comenzando su día de trabajo más temprano para ponerse en contacto con los socios que se encuentran ubicados en Asia y además para programar sus reuniones de trabajo después de la hora de dormir de sus hijos. Si bien el equipo parece estar bien, ella se siente cansada, irritable y teme no poder mantener ese ritmo laboral por mucho más tiempo. "Si esto es el liderazgo", nos preguntó, "¿cuánto tiempo es capaz un líder de continuar en este mismo ritmo de trabajo?".

¿Cómo definirías o describirías tú el liderazgo?

Durante muchos años, Kevin ha realizado un ejercicio con grupos que es tanto instructivo como inspirador. Comienza pidiéndoles a los involucrados que *definan o describan en exactamente seis palabras y de modo individual qué es el liderazgo*. Sin falta, no importa la ubicación, ni el nivel de experiencia de los grupos, el hecho es que siempre salen a relucir dos puntos fundamentales. El concepto más común es que el liderazgo se trata de:

- *resultados* (expresados con palabras como "metas", "misión", "visión", "objetivos" y "éxito").
- *otras personas* (expresadas con palabras como "influir", "entrenar", "comunicar" y "formar equipos").

La buena noticia es que, por lo general, e independientemente de dónde viva y trabaje, la gente suele estar de acuerdo en lo que es un buen liderazgo. Facilitar este ejercicio a lo largo de los años ha tenido un profundo impacto en Kevin y en su filosofía sobre el liderazgo —aunque en todos los casos, él ha sido quien se supone ser el experto en el tema—. Es a partir de su experiencia, además de liderar este ejercicio con personas de todo el mundo, que desarrollamos el Modelo de liderazgo de las tres Os (Ver Figura 6).

El modelo de liderazgo de las tres Os

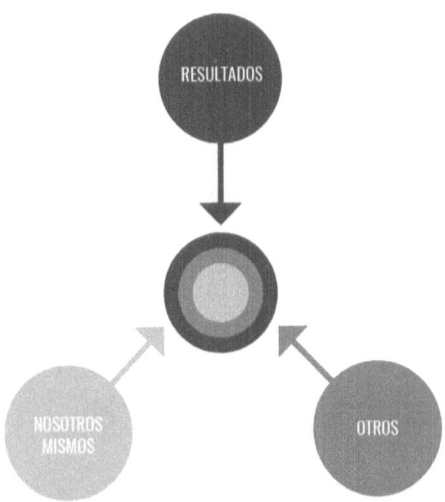

Figura 6 - Modelo de liderazgo de las tres Os

Como apreciarás en esta figura, el Modelo de liderazgo de las tres Os *(Outcomes, Ourselves, Others)* describe tres áreas de enfoque que todos los líderes necesitan identificar y utilizar para alcanzar su máximo éxito:

- *Resultados:* Lideras a otros con el propósito de alcanzar el resultado deseado.

- *Los demás:* Lideras con otras personas y a través de ellas para alcanzar esos resultados.

- *Nosotros mismos:* No podemos dejarnos a nosotros mismos por fuera de este modelo. Si bien el liderazgo se trata de resultados y de otras personas, nos guste o no, nada de eso sucede sin nosotros como líderes.

En la historia que te contamos al comienzo de este capítulo, Connie era muy sensible a las dos primeras Os. Si bien los resultados y los demás deben ser lo primero, los líderes también debemos prestarle atención a la parte del modelo que se relaciona con nosotros mismos en lo referente a llevar con éxito a otros hacia los resultados deseados. El caso es que, a pesar de este tipo de razones positivas, ella no se apoyaba a sí misma y ahí es donde empezaron a aparecer las fisuras tanto en su confianza como en su nivel de competencia.

Este modelo es una imagen más completa del modelo de liderazgo a distancia que compartimos contigo en el capítulo anterior.

Como todos los modelos, nuestro modelo de las tres Os proporciona una manera de aclarar y compartimentar un mundo mucho más complejo y nos permite priorizar nuestros pensamientos y acciones. Sin embargo, creemos que este no solo es un modelo de comportamiento, sino un tipo de mentalidad.

Para liderar de la mejor manera, primero, debes pensar en los componentes definidos como "resultados" y "los demás". Aunque el componente planteado como "nosotros mismos" se encuentra en el centro de nuestro modelo, esto no implica que nosotros seamos el centro de nuestro liderazgo, ni el propósito del mismo. Estamos en el núcleo, no en el centro. En otras palabras, el liderazgo no gira en torno a ti; más bien, tú aportas quién eres y cómo lideras para generar mejores resultados para los demás. Este modelo está diseñado para mostrarte que, si bien nada de esto se trata de ti, tampoco puedes sacarte a ti mismo de la ecuación. (Muchos llamarían a esto "liderazgo de servicio"[1] y, ya sea que uses estos términos o no, creemos que ninguno de nosotros está en capacidad de liderar de manera sostenible y exitosa sin ser un servidor de los demás y de los resultados). Y aunque el liderazgo no se trata de ti, ni de quién eres, ni en qué crees, cómo te comportas sí es fundamental en la consecución de tu éxito.

Ahora que hemos descrito el modelo a un alto nivel, y que lo hemos puesto en la perspectiva adecuada, profundicemos en cada una de las tres Os.

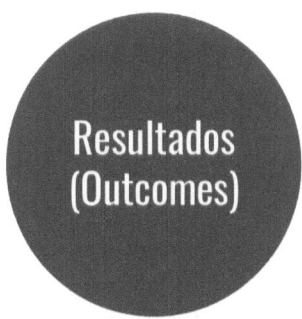

Figura 7

Céntrate en los resultados

Al más alto nivel, las organizaciones existen para alcanzar resultados de un tipo u otro. Si bien está de moda que muchas de estas "declaraciones de misión" sean un poco esotéricas y estén escritas en forma corporativa, algunas de nuestras favoritas son más sencillas y hacen que el mensaje sea mucho mejor:

McDonald's: *La misión de la marca McDonald's es ser el lugar favorito de nuestros clientes y la mejor forma de comer y beber.*[2]

Google: *La misión de Google es organizar la información del mundo y hacerla universalmente accesible y útil.*[3]

Por supuesto, tenemos más que metas de alto nivel. Hay todo tipo de metas, objetivos y propósitos. Los equipos de ventas tienen una combinación claramente definida de cuotas y productos; los proyectos tienen métricas de éxito bien especificadas, incluidos el tiempo, el presupuesto y los estándares.

Si bien algunos podrían considerar estos conceptos como propios del área de administración, nosotros no estamos de acuerdo en ello, puesto que el logro de los resultados está claramente incorporado tanto en el rol del administrador como del líder. Sí, tú debes administrar los detalles de las métricas, pero también debes prestarles atención a los comportamientos subyacentes involucrados en el hecho de alcanzarlas.

En otras palabras, si no nos centramos en los resultados que tenemos que alcanzar como líderes, no estamos haciendo aquello para lo cual nos contrataron.

La diferencia en los resultados desde el liderazgo a distancia

De igual manera que ser un líder a distancia es más difícil, este enfoque en los resultados es, si es posible, aún más importante y, definitivamente, también más difícil. Decimos eso por varias razones:

- *La realidad del aislamiento.* Cuando las personas trabajan de forma remota, es probable que estén solas la mayor parte del tiempo. (Incluso si están juntas y conforman un equipo pequeño, pero lejos de ti como líder, suelen ocurrir situaciones como las que exponemos a continuación). El lugar donde trabajamos tiende a formar una burbuja alrededor de nuestros hábitos, de nuestros pensamientos y de las cosas en las que nos enfocamos. Con frecuencia, este aislamiento conduce a inconvenientes de naturaleza no tan grave —generando, por ejemplo, personas que actúan como si fueran un equipo de uno, un Llanero Solitario que resuelve los problemas a su manera y que hace que las cosas sucedan desde su oficina en casa, etc.—. Con el tiempo, sin orientación, estos solitarios terminan por centrarse en objetivos individuales e indicadores clave de rendimiento (KPI, según la sigla en inglés) y no en objetivos de equipo. Los líderes quieren miembros de equipo proactivos y motivados que trabajen para ellos (donde sea que estén sus escritorios), pero necesitan ayudarlos a ver cómo sus resultados son parte de un todo más amplio. Nuestro trabajo de comunicar y aclarar los objetivos puede ser más difícil a distancia.

- *Falta de señales ambientales.* Cuando visitas muchas instalaciones organizativas, recibes una variedad de mensajes relacionados con los objetivos y las prioridades de cada lugar. Ya sea que allí utilicen un eslogan como "La calidad es lo primero" o un panel de lectura con las últimas estadísticas de seguridad o una lista de los objetivos corporativos en cada sala de conferencias, un lugar de trabajo común suele proporcionar pistas y claves muy claras que refuerzan mensajes importantes para todos, lo cuales hacen faltan cuando cada uno trabaja desde una oficina en casa.

- *(Potencialmente) menos repetición de mensajes.* A menos que los líderes estén comunicando y reiterando con la mayor frecuencia posible y de diversas formas las metas y los resultados que se esperan del equipo y de la organización, los miembros del equipo terminarán por perderse dentro de su propia burbuja. Esto es cierto sobre todo si tienes un equipo matricial, donde tú eres el líder oficial nominal, pero los individuos con los que trabajas les reportan a otros jefes. Parte de tu papel como líder a larga distancia es encontrar tantas formas como te sea posible de mantener a tus colaboradores enfocados en los resultados. Para lograr este propósito, podemos y debemos usar portales en línea y otras herramientas tecnológicas sofisticadas, pero en adición a esto, también tenemos que hacer todo lo demás que se requiera, como enviarles notas personales, susurros al oído y hasta palomas mensajeras si ese fuera el caso. Es imperioso que te comuniques con la mayor frecuencia y creatividad posibles para mantener a todos los miembros del equipo a bordo, sincronizados y enfocados en las metas y objetivos del equipo y de la organización.

Céntrate en los demás

Como líder, tienes frente a ti una gran cantidad de cosas que compiten por tu atención:

- Presupuestos
- Proyectos
- Mejoras del proceso
- Desarrollo de nuevos productos/servicios
- Ventas
- Atención al cliente
- Márgenes

Te apostamos que, por lo menos, una parte de esta lista te suena conocida y que además podrías agregarle un montón de otras cosas que también tienes frente a ti. Lo irónico del caso es que piensas en todas ellas y, sin embargo, no eres tú quien las hace.

Entonces, ¿cómo superar el enigma de tener muchas cosas importantes en mente y no saber en cuál concentrarte?

Enfocándote en algo diferente a cualquiera de esas cosas de la lista anterior: *en los demás*.

Figura 8

Por ejemplo, concéntrate en cosas importantes que omitimos de manera intencional en la lista anterior e incluyen:

- Entrenar a tu equipo
- Comunicar prioridades y proyectos
- Hacer contrataciones
- Incorporar nuevos miembros al equipo
- Brindar apoyo y orientación

Los líderes a distancia se enfocan en los demás. Las siguientes son siete buenas razones por las cuales enfocarse en ellos:

1. *De todos modos, no puedes hacerlo todo solo.* Comencemos con la más obvia de todas las razones: incluso si lo intentaras, no podrías hacer tú solo todo lo que necesitas hacer. Y si pudieras, no necesitarías un equipo, motivo por el cual tampoco habría necesidad de que fueras un líder. El liderazgo tiene que ver con los resultados, pero esos deben alcanzarse a través de otras personas.

2. *Tú ganas cuando los demás ganan.* Si vas a concentrarte en los demás, es esencial que creas esto. Es definitivo creer que cuando, les prestas un servicio a los demás, tus necesidades serán cubiertas, alcanzarás tus metas y recibirás el debido reconocimiento. La victoria verdadera y duradera proviene de ayudarles a otros a que ellos también ganen.

3. *Generas confianza cuando te enfocas en los demás.* La confianza es una palanca poderosa para el éxito tanto del equipo como de la organización. Cuando el nivel de confianza es alto, se incrementan la satisfacción laboral, la productividad y muchos otros aspectos más del campo personal y laboral. Si deseas generar confianza en tus colaboradores, concéntrate en ellos y, primero que todo, demuéstrales que confías en ellos.

4. *Construyes relaciones cuando te concentras en los demás.* Existe una correlación directa entre la fortaleza de una relación y el grado de confianza que existe en ella. A medida que la confianza aumenta, también aumenta la fortaleza de la relación. Las relaciones laborales sólidas generan mejores resultados. ¿Cómo se construye una relación? Interesándote en los demás, escuchándolos y preocupándote por ellos.

5. *Eres más influyente cuando te concentras en los demás.* Como líderes, no podemos forzar u obligar a la gente a realizar ninguna acción o, si podemos, será solo por un tiempo limitado y lo más probable es que surgirán otras consecuencias imprevistas. No

podemos controlar a los demás; solo podemos influir en ellos. Piénsalo: ¿quién tiene más éxito al tratar de influir en ti? Alguien a quien conozcas, que comprende tus necesidades y tu situación. Alguien que quiera lo mejor para ti. Alguien que esté de tu lado. Entonces, ¿cómo puedes tú lograr esas cosas en la vida de los demás a menos que te concentres en ellos? Recuerda, ejercer influencia sobre otros consiste en ayudarles a elegir bien; lo que tú quieres es más que obtener el simple cumplimiento de unas metas, ¿no es así?

6. *Los miembros del equipo están más comprometidos cuando tú te concentras en ellos.* Esto es profundamente cierto. Las personas quieren trabajar con y para quienes ellas saben que creen y se preocupan por ellas y que tienen sus mejores intereses puestos en ellas.

7. *Tienes éxito en todo lo que está en "la lista" cuando te concentras en los demás.* Vuelve a mirar la lista de cosas que mencionamos anteriormente, en las cuales "necesitas concentrarte". Si te enfocas de manera intencional y deliberada en quienes te rodean, ¿te saldrán mejor todas esas cosas? Si bien no estamos diciendo que debas ignorarlas o delegarlas por completo, lo que sí estamos diciendo es que, si te enfocas en los demás primero, tendrás más éxito en todo aquello la mayor parte del tiempo.

Podríamos hacer una lista más larga de razones importantes por las cuales el hecho de centrarte en los demás es la elección correcta, pero cualquiera de las anteriores es una razón más que suficiente. Tu papel como líder es ayudar, apoyar y guiar a otros a alcanzar metas y resultados valiosos. Cuando recuerdas eso y te enfocas en ellos y en sus necesidades, obtienes mejores resultados para la organización, para el equipo y, sí, también para ti mismo.

La diferencia del liderazgo a distancia en la vida de los demás

Por razones que analizaremos a lo largo de este libro, mantener este estilo de liderazgo a distancia es más difícil. Estas son algunas de las razones por las que resulta tan complicado:

Fuera de la vista podría significar fuera del pensamiento. Kevin tiene un buen ejemplo a este respecto. Hace varios años, Marisa se unió a nuestro equipo y trabajaba en una oficina ubicada al final del pasillo de la de Kevin. Este era el contexto de la relación de trabajo entre ellos dos hasta que ella se casó (con el hijo de Kevin, pero esa ya es otra historia) y se mudó a South Bend, Indiana, a unas dos horas y media de distancia. Trabajaba de forma remota casi todos los días (venía a Remarkable House, nuestra oficina en Indianápolis, una vez al mes para realizar desde ahí ciertas partes de su trabajo). Entonces, mantuvimos todo lo demás tal como estaba, excepto su lugar de trabajo y, para que Kevin fuera igual de efectivo en ayudarle a Marisa a tener éxito, brindándole los recursos, el tiempo y la motivación que ella necesitaba, tenía que ser mucho más diligente, creativo y disciplinado, a medida que ella trabajaba a distancia. En síntesis, el trabajo se realizaba, solo que tomaba un poco más de esfuerzo realizarlo.

Felizmente, unos ocho meses después, su esposo (es decir, el hijo de Kevin) consiguió un nuevo trabajo en Indianápolis y ahora ella está de regreso en nuestra oficina. El hecho es que Marisa estaba haciendo un gran trabajo, independientemente de cual fuera su ubicación. Kevin le ayudaba a lograr sus objetivos, definiendo con absoluta claridad lo que ella tenía que hacer, revisando su trabajo con regularidad, mediante el uso de las cámaras web y utilizando otras herramientas. Por su parte, ella dio un paso al frente y se volvió mucho más independiente y autosuficiente. Dicho esto, la pregunta aquí es: ¿es más fácil para Kevin concentrarse en las necesidades de Marisa y apoyarla y orientarla desde la oficina ubicada al final del pasillo? ¡Por supuesto que sí!

Tus suposiciones ganan la batalla. Como líder, haces suposiciones sobre tu gente, bien sea de modo consciente o no. Si asumes que tus colaboradores están haciendo un buen trabajo, ten por seguro que te "preocuparás" menos por ellos. Y aunque esto es cierto independientemente de dónde trabajen ellos, cuando asumes que todo está bien y no los ves, tampoco te comunicas con ellos (tan seguido). O si asumes que ellos te avisarán cuando necesiten tu ayuda o apoyo o que no tener noticias de ellos es una buena noticia o si te preocupa que ellos piensen que los estás "controlando" cuando lo único que quieres es verificar cómo van, es posible (y también es lo más probable) que ellos tomen tu falta de comunicación/atención como desinterés tuyo en ellos —ya sea que lo sientas así o no—. Los líderes a distancia deben entender que programar cuándo y cómo comunicarse con su equipo es una decisión consciente.

Cuando te enfocas en los miembros de tu equipo, ¿lo notan ellos? La batalla entre la percepción y la realidad siempre la ganará la percepción. Si los miembros de tu equipo no ven acciones de tu parte que demuestran que estás pendiente de ellos, que quieres que tengan éxito, que confías en su labor y otras actitudes que muestren tu interés, el hecho es que no importará lo que estés pensando, ni cuál sea tu intención. Durante mucho tiempo, Kevin ha venido diciendo que "las personas miran más nuestros pies que nuestros labios", pero cuando ellas están a distancia, no tienen cómo ver ni lo uno, ni lo otro. Por consiguiente, si vas a enfocarte en los demás, debes demostrárselo, siendo diligente con ellos por medio de tus acciones.

Figura 9

Centrados en nosotros mismos

La gran paradoja del liderazgo es que, en ningún modo, este se trata de nosotros —ya antes dijimos que, en esencia, el liderazgo está enfocado en los resultados y en las demás personas.

Y, sin embargo, tu forma de ser, aquello en lo que creas y cómo te comportas son aspectos que juegan un papel muy importante en la eficacia con la que harás las cosas. Aquí es donde tanto Connie, como la mayoría de los líderes que contestó nuestra encuesta, y a lo mejor tú también, encuentran la mayor dificultad.

Si bien es posible que esta O *(Ourselves/nosotros mismos)* sea la más pequeña de las tres Os, también es cierto que, de cierta manera, debe ser la primera, aunque, como nos muestra el modelo, nosotros debemos ser los últimos en importancia. Y, como ya antes dijimos, recuerda que tú estás en el centro del liderazgo, pero con la salvedad de que no eres el centro del universo del liderazgo.

La gran paradoja del liderazgo es que, en ningún modo, este se trata de nosotros —ya antes dijimos que, en esencia, el liderazgo está enfocado en los resultados y en las demás personas.

Es posible que conozcas la autobiografía de la estrella de la NFL, Gale Sayers, titulada *I Am Third*. (Si alguna vez viste la inspiradora película que lleva por título *Brian's Song*, este libro de Sayers fue la inspiración para hacer esa película. Si no la has visto, es muy recomendable. Trata muchos temas). El título proviene de una línea de su amigo Brian Piccolo: "Dios es primero, mi familia es segunda y yo estoy de tercero". Si bien nuestro contexto aquí es diferente, el punto es similar. Aunque es imposible negar e ignorar quién eres tú y cómo lideras (cómo somos nosotros mismos), si piensas en nosotros los líderes como quienes estamos en tercer lugar en la ecuación, serás el mejor para los demás y para obtener magníficos resultados.

Y aunque estés de acuerdo a nivel intelectual con lo que acabas de leer, necesitamos decirte algo más. Algunos dirían que se trata de "cómo nos mostramos al mundo" y que, dado que los líderes pueden tener éxito de diferentes maneras, tú debes liderar como tú eres. Esto es cierto, pero solo hasta cierto punto.

Todos pueden aportar lo que son a su liderazgo y hay muchos estilos que tienden a tener éxito en esta labor. Nosotros creemos que tú necesitas ser auténticamente tú, pero esa no es una excusa para quedarte donde estás sin elegir cambiar ciertos aspectos de tu comportamiento que necesitas fortalecer, ni para no evaluar con frecuencia cuáles son tus prioridades, ni para no desarrollar tus habilidades y no mejorar.

En tu esencia, como líder, están las cosas en las que crees y en las que piensas. Estas impulsan tus acciones, cómo te relacionas con tu equipo, qué tanto influyes en ellos y, en última instancia, cómo ellos responderán y actuarán contigo como su líder.

Este libro habla mucho sobre lo que puedes hacer y quizá por eso compraste este ejemplar. Sin embargo, recuerda que lo que tú quieres es importante, pero solo en el contexto de las otras dos Os: los resultados y los demás.

La diferencia del liderazgo a distancia para nosotros los líderes

Quién seas tú y cómo lideras es importante dondequiera que tu gente trabaje, pero cuando estás liderando a distancia, hay una parte de quien tú eres y de tu forma de liderar que se vuelve menos evidente para tu equipo de trabajo. Es ahí cuando tus creencias y suposiciones son aún más cruciales, por las siguientes tres razones:

Vas a enfrentarte a tus supuestos (de nuevo). Es inevitable que hagas suposiciones sobre lo que significa trabajar de forma remota. Podríamos darte las estadísticas que muestran que los teletrabajadores son más productivos[4], pero si tú no crees eso o asumes que las personas realizan múltiples tareas en actividades que no son laborales mientras están en el trabajo, operarás basándote en esa percepción y no en los hechos. Es decir, tus suposiciones sobre los miembros de tu equipo siempre afectan tu manera de liderar. Cuando tu gente está trabajando a distancia existe una posibilidad muy remota (perdón por el juego de palabras) de que alguna vez tus suposiciones se vean desafiadas, debido a que no ves suficientes evidencias que te lleven a cambiar de opinión. También haces suposiciones sobre cuánto pedirle a tu gente y cuánto estás dispuesto a ajustarte con respecto a aspectos como las distintas zonas horarias y los horarios de reunión. Ahí es donde Connie se metió en problemas —ella asumió que resolvería el problema trabajando más—. Por esto, es importante que identifiques cuáles son tus suposiciones tanto sobre ti mismo como acerca de aquellos a quienes lideras para luego revisarlas y desvirtuarlas cuando los hechos así lo requieran.

Tus intenciones son importantes, pero no siempre son suficientes. A lo largo de este libro, notarás que comentamos acerca de la importancia de ser intencionales con casi todo lo que pensamos y hacemos. Sin embargo, en este punto, el desafío radica en solucionar la brecha existente entre lo que quieres y pretendes hacer y lo que en realidad haces. Las investigaciones muestran que, como seres humanos, no somos muy buenos en la autoevaluación, en parte, debido a esta brecha —ya que nos autocalificamos en función de lo que somos capaces de hacer o de lo que pretendemos hacer, mientras que los demás nos ven en función de nuestras acciones[5]—. Entonces, a medida que lideras a tu equipo a distancia, mediante interacciones menos frecuentes, y cuando gran parte de esas interacciones no es tan enriquecedora y sólida, es mucho más probable que tus colaboradores no logren comprender cuál es tu intención real o que asuman lo peor cada vez que tú no estás supliendo sus necesidades. Ellos no tienen cómo saber lo abrumado que estás, ni que te encuentras atrapado en el Aeropuerto de Des Moines; ellos solo saben que les fallaste en lo que sea que no pudiste cumplirles.

Necesitas tomar decisiones. Este libro te dará muchas ideas para aplicar y muchas de ellas marcarán sin duda una gran diferencia en tu capacidad para liderar con éxito. Aun así, ninguna de ellas funcionará hasta que tú decidas actuar. Como líder a larga distancia, debes decidir hacer hasta las cosas más inusuales y concentrarte (incluso) más en los miembros de tu equipo, ser diligente en apoyarlos y en suplir sus necesidades, pero no puedes hacer ninguna de esas cosas hasta que decidas qué es lo que piensas hacer.

Conectando este modelo de liderazgo con otros

Seremos los primeros en admitir que hay muchos modelos de liderazgo —de hecho, en otra parte de este libro hicimos referencia a las 13 competencias que nos compartió Kevin acerca del liderazgo— y todos exponen sus propios puntos de vista sobre lo que significa liderar y cómo hacerlo lo mejor posible. Sin embargo, con profunda humildad, nosotros afirmamos que este modelo de las tres Os está por encima de cualquiera de ellos (e incluso por encima del modelo implementado en tu organización) y estamos convencidos de que te brindará una magnífica perspectiva.

Independientemente de sus habilidades o competencias, es un hecho que los mejores líderes gestionarán de la manera más eficaz posible su enfoque y su actividad en este campo, haciendo buen uso de las tres Os, que son las premisas sobre las cuales se basa todo lo que se necesita para implementar un liderazgo exitoso. Estamos seguros de que esta descripción general sienta las bases necesarias para el resto de este libro. A lo largo de sus páginas, encontrarás una sección completa para cada una de las Os. Cada una estará enfocada en tratarlas más a fondo, brindándote formas específicas y concretas, mediante las cuales puedas liderar a distancia de manera más efectiva, a través de la lente de cada O.

Detente y piensa

- ¿Cuáles crees que sean los resultados más importantes que se esperan de ti como líder?
- ¿De qué manera el hecho de trabajar a distancia ha afectado esos resultados y también a tu equipo de trabajo?
- ¿Cuáles crees que sean las formas más eficaces de enfocarte en los demás al interior de tu organización?
- ¿Cómo te percibes a ti mismo en tu función como líder?
- ¿De qué maneras ha impactado el liderazgo a distancia tu manera de pensar y tu conducta?

Sección 3

Logrando resultados a distancia

Introducción

"Nunca confunda actividad con logro".

—John Wooden, entrenador de baloncesto del Salón de la Fama

Raúl es un supervisor recién vinculado a un equipo de ingenieros de software. Trabaja desde casa y lo ha hecho así durante años, al igual que la mayoría de sus colaboradores. Sin embargo, su gerente siempre ha trabajado fuera de la oficina y está muy preocupado por que los miembros del equipo no estén trabajando tanto como debieran. Esa es la razón por la que le pregunta constantemente: "¿Cómo sabes en qué están trabajando?" o "¿Estás 100% seguro de que cumpliremos nuestra meta en ese plazo?". Aunque en el fondo de su ser Raúl confía en su gente, es evidente que lucha por asegurarle a su jefe que el equipo está haciendo un trabajo real, aun cuando no puede inspeccionarlos cubículo tras cubículo para verificar cómo va todo.

Como líder, tú estás en el negocio de alcanzar los resultados deseados. Ayudarle a un equipo a distancia a alcanzar sus metas es un poco diferente, así que comencemos por ahí.

Durante nuestra encuesta, estas fueron algunas de las preguntas frecuentes que recibimos de los encuestados, tanto si eran nuevos en su cargo o si tenían dificultades para hacer su trabajo:

- ¿Qué estarán haciendo mis colaboradores?
- ¿Estarán logrando algo?
- ¿Estarán distraídos trabajando desde casa o desde dondequiera que estén trabajando?
- ¿Estarán trabajando demasiado?

Así que, mejor será que salgamos de dudas, respiremos profundo y analicemos cada una de esas preguntas.

¿Qué estarán haciendo mis colaboradores?

Aunque es obvio que no puedes ver a ninguno de los miembros de tu equipo que trabaja a distancia, ¿cómo haces para saber qué están haciendo quienes trabajan contigo en el mismo lugar? ¿Estás mirándolos por encima de sus hombros todo el día? (Si es así, quizá deberías empezar a leer otra vez y desde el principio este libro). La respuesta específica aquí es difícil de dar sin conocer en qué tipo de industria trabajas, ni cómo es el trabajo que hace tu gente, pero el punto aquí es que ¿cómo es esto diferente a cuando ellos están en otra oficina o en otro Estado? Kevin se encontraba hablando acerca de esta pregunta con una clienta que estaba muy de acuerdo con él. Ella mencionó que en alguna ocasión trabajó con alguien que venía a la oficina todos los días y, en esencia, lo único que esa persona hacía era recortar cupones todo el día. Parecía estar muy ocupada, pero era claro que ¡no estaba obteniendo ningún resultado (laboral)! Y estaba en la oficina. De modo que no puedes argumentar que el trabajo deja de hacerse porque un empleado se encuentre a distancia.

¿Estarán logrando algo?

Deberías tener respuestas a este interrogante como parte del proceso de trabajo y por tu rol como líder y gerente, ¿verdad? Y estas no deberían tener nada que ver con el lugar donde tus colaboradores se encuentran trabajando. Si estás pensando en esto, también estarás pensando en la siguiente pregunta…

¿Estarán distraídos?

Es bastante probable que estén menos distraídos que tú o que sus compañeros miembros del equipo que están al final del pasillo que da a tu oficina. Algunos estudios de *Harvard Business Review* y otros muestran que, en realidad, las personas que trabajan a distancia hacen más sobre la base de tarea por tarea[1]. Esto se debe a algunas buenas razones (como la falta de interrupciones) y a otras no tan importantes (trabajan más horas acumuladas).

Y si no estás de acuerdo, pensemos en tu experiencia personal. ¿Cuántas distracciones e interrupciones sufres durante una jornada laboral en tu lugar de trabajo? ¿Y cuántas de ellas son causadas por quienes trabajan allí, contigo? Lo más probable es que las distracciones y los destructores de productividad no relacionados con las personas sean los mismos para ti que para tus colaboradores remotos, pero también es probable que ellos tengan muchas menos interrupciones a causa de otras personas que las que tienes tú. Si bien puede haber alguien en tu equipo que tenga problemas para trabajar a distancia (y esa es una oportunidad de entrenamiento, no una acusación para todos los que trabajan en esta modalidad), la investigación muestra que la productividad será mayor para la mayoría de las personas durante la mayor parte del tiempo.

¿Estarán trabajando demasiado?

Puede que esa no sea la pregunta que te estés haciendo, pero deberías pensar en esa posibilidad. Cuando las personas trabajan de forma remota (sobre todo, desde casa), los límites son más difíciles de establecer. Con nuestros teléfonos y dispositivos, estamos siempre al alcance de los demás y es fácil consultar nuestro correo electrónico a cualquier momento de la noche (Josiah en Jordania podría usar esta información, así que mejor le responderé ahora mismo) o a primera hora de la mañana, ¿entiendes la idea? De hecho, con frecuencia, se trata de un círculo vicioso: María quiere parecer que está trabajando, así que responde el correo electrónico tan pronto como se levanta por la mañana y lo vuelve a hacer después de que los niños se acuestan. No es de extrañar que esté haciendo más, pues le está dedicando más horas a su trabajo. ¿Es eso lo que realmente quieres?

Es importante comprender si en verdad tus colaboradores están trabajando más arduamente o más tiempo o si solo están cambiando el tiempo de algunas actividades, sobre todo, si tienes un equipo híbrido, con algunos en la oficina y otros trabajando desde casa. En este aspecto, las percepciones podrían causar problemas importantes: si Gina, que trabaja en la oficina, ve a George enviando correos electrónicos a todas horas, ella bien podría decidir que debería quedarse trabajando hasta más tarde o llevarse su computadora portátil a casa. A la inversa, si George está trabajando desde casa a las 8:00 p.m., pero la gente de la oficina deja de responder correos electrónicos a las 5:00 p.m., él podría preguntarse por qué son todos tan holgazanes.

Hablaremos más sobre cómo administrarnos a nosotros mismos en la Sección 5, pero asegúrate de establecer expectativas y límites razonables para el equipo en torno a los tiempos de respuesta esperados, a las horas de trabajo y al trabajo durante el fin de semana.

Los problemas reales

Si estas preguntas que acabamos de analizar (o algunas similares) te preocupan, es probable que existan tres razones:

- *Estás enfocado en la actividad, no en el logro.* Piensa en esta pregunta: ¿qué es más importante, cuánto tiempo o cuánto trabaja la gente o si el trabajo se hace correctamente y a tiempo? Después de todo, lo que queremos es obtener resultados *(outcomes)*, ¿verdad? Las preguntas anteriores se centran en qué o cómo están haciendo el trabajo los miembros de tu equipo, no si están haciendo un trabajo de calidad. Esto supone un gran cambio de enfoque para ti e incluso si estás de acuerdo con esto a nivel intelectual es posible que en la práctica tengas problemas con esta posibilidad. Kevin, aunque enseña y cree firmemente en mantenerse enfocado en los resultados, a menudo, ha sido víctima de este pensamiento. Si bien rara vez él ha tenido un horario de trabajo estándar para los miembros de su equipo, es una persona mañanera. A veces, le molesta cuando alguien llega al trabajo (o inicia sesión) más tarde de lo que él suele hacerlo. Entonces, se recuerda a sí mismo esta importante distinción y reconoce que, si lo esencial es la calidad del trabajo, ¿por qué debería preocuparse por la hora en que alguien inicia su labor? Dado que no importa si esa acta se escribe a las 9:00 a.m. o a las 6:00 p.m., siempre que esté lista para la reunión del viernes, entonces, ¿por qué preocuparse por ello? Es importante aclarar esto: tu función es ayudarles a los miembros de tu equipo a realizar el trabajo correcto y con calidad en los plazos establecidos. Y hablemos del elefante en la habitación: ¿por qué debería importar si algunos de ellos están lavando la ropa durante la jornada laboral, siempre que el trabajo esté terminado y el resto del equipo no sufra como resultado de que alguien necesitó lavar su ropa?

- *Crees que te distraerías, de modo que proyectas eso mismo en los demás.* A lo mejor, seas alguien que lucha en medio del ambiente tranquilo que se supone que genera el hecho de hacer tu trabajo desde casa o que necesita la estructura mental de saber que va a subirse a su automóvil y conducirá camino a su oficina. Si es así, está bien (y sí, se pueden construir rutinas para superar algunos de esos desafíos, si fuera necesario), pero eso no significa que todos luchen con ese tipo de cosas solo porque a ti te pasan o te pasaron alguna vez.

- *Básicamente, crees que "cuando el gato no está en casa, los ratones hacen fiesta".* Si crees que las personas solo trabajan eficazmente cuando están siendo supervisadas, entonces, estás impedido para liderar cualquier equipo, en especial, uno a distancia. ¿Crees que solo porque tú no estás allí ellos están holgazaneando? Recuerda: si tus colaboradores están haciendo su trabajo, entonces, ¿de qué es de lo que te estás preocupando?

Ah, y también hay otra razón aún mucho más importante:

- *Tienes necesidad de ejercer un mayor control.* Detrás de, por lo menos, algunos de los puntos que acabamos de mencionar se encuentra este que es fundamental: si te preocupa tu habilidad para llevar a equipos a distancia a obtener resultados exitosos, es posible que tenga problemas en cuanto a tu ejercicio del control. Si tus colaboradores han sido bien capacitados, cuentan con las herramientas y los recursos que necesitan y además tienen todo tu apoyo, no hay la menor duda de que tendrán éxito. Ahora, si tú tienes dificultades para dejar de controlar y tiendes a microgestionar (y lo haces de manera constante, no hay duda de que *estás* microgestionando inclusive si no crees que lo estás haciendo), entonces, también tendrás más dificultades para liderar a distancia.

Ahora, si asentiste con la cabeza ante cualquiera de estos puntos que acabas de leer, tenemos algunas sugerencias que hacerte.

Construye procesos junto con tu equipo de trabajo. Contar con las herramientas de trabajo apropiadas, con los debidos procedimientos, con las listas de verificación y con los formatos que le ayudarán al equipo a hacer su trabajo es fundamental para alcanzar un desempeño óptimo e imprescindible en un entorno remoto, donde los miembros del equipo no pueden ver y aprender con facilidad los unos de los otros. Cuando todos aportan información sobre cuáles son esos procesos, el compromiso y el éxito serán aún mayores y habrá más probabilidades en el cumplimiento de la meta. Y estos mismos procesos son los que suelen proporcionarnos una pista acerca de cómo va el progreso y el estado de todos y cada uno de nuestros colaboradores; en otras palabras, pueden ser una medida predictiva de progreso y logro.

Crea expectativas claras para todos. Es importante definir y acordar cuáles serán las expectativas del trabajo que están realizando, así como de los resultados que esperas obtener —y de cómo medirás el éxito alcanzado—. Cuando el equipo entero sabe que todos y cada uno de sus integrantes están comprometidos a responder a su trabajo, hay menos de ellos por allí sentados, desesperados y frustrados cuando no obtienen ayuda o una respuesta de inmediato. Además, cuando el equipo participa en la creación de las reglas, todos asumen la responsabilidad de cumplirlas y de ser mejores compañeros entre sí. Esto es especialmente importante para los equipos de proyectos, donde cada uno de sus integrantes depende de los aportes de los demás de forma regular. Pero incluso en los equipos de ventas, en los que a menudo parece como que "cada uno debe ver por sí mismo", el hecho de tener expectativas claras contribuye a que todos se mantengan conectados y reduce la percepción de favoritismo.

Cambia tu modo de pensar. Ten en cuenta lo que afirma nuestra investigación, préstale más atención y verás que lo más probable será que cambies tu perspectiva acerca del bajo nivel de productividad en quienes no están trabajando en una misma locación junto contigo. Lo más seguro es que ellos sí son muy productivos, sobre todo, si recibiste nuestro consejo.

Reduce tu necesidad de control. Sabemos que suele ser más fácil decirlo que hacerlo, pero te recomendamos que te enfoques en qué es aquello en lo que puedes influir y no en aquello que puedes controlar. Asegúrate de que quienes integran tu equipo de trabajo a distancia tengan las habilidades y la capacitación que necesitan, bríndeles retroalimentación, motívalos, ofréceles los recursos y las herramientas precisos para tener éxito y luego *déjalos hacer lo que tengan que hacer*. Y más allá de esas acciones, repite después de nosotros: "Los dejaré trabajar".

6

Tipos de resultados

Regla 6 Liderar con éxito requiere lograr resultados de muchos tipos.

> *"Las personas con metas tienen éxito, porque saben hacia dónde se dirigen".*
>
> —Earl Nightingale, escritor y presentador de radio

Ángela dirige un equipo de representantes de servicio al cliente que trabaja desde casa. Cada uno de ellos tiene metas individuales: cuál es la cantidad específica de llamadas que deben hacer al día, cuántas de ellas se convierten en venta durante la primera llamada, en cuántas logran hacer conexión con un gerente, etc. También anima a los representantes a que compartan experiencias y mejores prácticas y que se cuenten unos a otros dónde encontrar a gran velocidad la información que necesitan. Angela ha notado que se están cumpliendo las métricas individuales, pero que pocos miembros del equipo usan los sitios de archivos compartidos o responden las preguntas de los demás. Entonces, aunque algunos objetivos se cumplen a cabalidad, en general, el nivel de comunicación del equipo no es el que debería ser. Cuando todos trabajaban en el centro de llamadas, ella no tenía este problema, pero ahora no está segura de qué hacer al respecto.

Una cosa es decir (o escribir) que "el liderazgo es una cuestión de resultados", pero esa no es una afirmación específica, ni útil. Después de todo, hay muchas clases de resultados que cada uno está tratando de alcanzar en una organización. Como líder a distancia, tú debes conocer esos resultados, enfocarte en ellos y ayudarles a tus equipos a alcanzarlos.

A medida que leas el resto de este capítulo, no te limites a asentir y estar de acuerdo con las descripciones —lee cada ítem que sigue, tomándolo como una lista de verificación—. Pregúntate qué tanto te concentras en cada área que mencionemos y con qué frecuencia tus conversaciones con los miembros de tu equipo tocan cada uno de estos tipos de resultados.

Resultados organizacionales

Hay razones por las cuales tu organización existe. Y, si tú, ni tu equipo, ni la organización están funcionando de acuerdo a esas razones de manera colectiva, ni lo suficientemente bien, ¡lo más obvio es que ese no es un buen resultado! Dependiendo del tamaño de tu organización, es probable que tú seas partícipe a la hora de establecer los objetivos organizacionales. También puede ocurrir que solo seas responsable de comprender y ayudar a tu equipo a alcanzar los objetivos que les fueron establecidos.

Por ejemplo, si trabajas en una organización más pequeña, estarás presente en el momento de establecer las metas organizacionales para el año. Si es así, tu nivel de comprensión (y con suerte, de compromiso) con respecto a esos objetivos deberá ser sólido. Ahora, si eres un gerente intermedio en una empresa de *Fortune 500*, es probable que no hayas estado en la reunión donde estos fueron establecidos, pero tu necesidad de comprenderlos y saber transmitirlos con éxito no es menos importante.

El hecho es que, sea cual sea la forma en que se establezcan los objetivos y sea quien sea que los establezca, como líder, para ti deben ser tan claros como el cristal, de tal modo que puedas ayudarles a los miembros de tu equipo (individual y colectivamente) a avanzar hacia sus logros con éxito. Cuanto más grande sea tu organización, más niveles podrían existir entre tú y los objetivos organizativos completos (por ejemplo, división, unidad de negocio). Es tu responsabilidad comprender, comunicar y alinear el trabajo de tu equipo con los objetivos, sin importar cuántos niveles de ellos pueda haber. Hazte estas preguntas:

- ¿Qué tan claros son estos objetivos?
- ¿Con qué frecuencia piensas en ellos?
- ¿Con qué frecuencia tu equipo analiza o revisa estos objetivos con el fin de hacerle seguimiento al progreso que ellos están haciendo?

Resultados del equipo

Hay objetivos organizacionales más grandes —algunos de los cuales describen el panorama general—, pero que tienden a parecerle a tu equipo un poco rebuscados. Los objetivos del equipo son los resultados específicos de los cuales tu equipo es responsable de lograr. Si bien tu función en la creación de objetivos organizacionales variará según el tamaño de tu organización y de su cultura empresarial, a nivel de equipo, la responsabilidad de alcanzar resultados recae directamente sobre ti. Hemos trabajado con líderes en casi todos los tipos de organización y, con demasiada frecuencia, los objetivos del equipo son débiles. Las razones para que esto ocurra suelen ser que:

- *El equipo asume que entiende cuáles son los objetivos:* "Todos sabemos cuáles son nuestros objetivos".
- *Los objetivos son demasiado vagos:* "Sacar el producto al mercado" no es realmente un objetivo.
- *Los objetivos no han sido revisados correctamente:* "Hablamos de ellos en diciembre pasado, durante la reunión anual".

Cuando todo tu equipo trabaja en el mismo lugar que tú, tienes cómo observar que hay entre ellos conversaciones paralelas y bromas con respecto al proyecto, así que tienes distintas formas de aclarar y reforzar los objetivos. En cambio, cuando hay miembros del equipo que están trabajando por su cuenta, estas aclaraciones no suelen ocurrir. Por lo tanto, todos deben saber y tener muy claro cómo encaja lo que cada uno está haciendo con respecto al trabajo y el éxito del equipo. Hazte estas preguntas:

- ¿Qué tan claros son los objetivos de tu equipo?
- ¿Cuánto tiempo dedicas para analizarlos?
- ¿Estás seguro de que todos los miembros de tu equipo conocen y entienden estos objetivos?
- ¿Hay indicios de que pudiera haber confusión sobre los objetivos en que están trabajando?
- ¿Con qué frecuencia estás revisando el progreso de tu equipo en el cumplimiento de los objetivos actuales?

Resultados personales/individuales

Las personas necesitan saber de qué resultados son ellas responsables, qué objetivos persiguen y qué se considera tener éxito en lo que están haciendo. Sin embargo, aun cuando ellas son parte integral del esfuerzo de un equipo, se necesitan objetivos individuales. Piensa en esto desde una perspectiva deportiva. El equipo tiene en mente un resultado organizacional (ganar un campeonato), resultados de equipo (victorias y derrotas) y quizá, resultados para una parte del equipo (ofensiva, defensiva o algún subconjunto de funciones cuando se trata de un equipo más grande). E incluso con todos esos resultados por alcanzar, los jugadores también necesitan tener sus objetivos individuales (objetivos personales medidos a través de su rendimiento individual o de las estadísticas). Más allá de los objetivos a corto plazo, ellos deben pensar en función del desarrollo general de sus carreras profesionales —y, como líderes, también en eso nosotros tenemos una función que ejercer.

Los líderes deben preocuparse por los resultados individuales y de equipo. Con demasiada frecuencia, los objetivos individuales se convierten en el único objetivo del miembro del equipo que trabaja a distancia. Esto se debe a que brindar y recibir colaboración es más difícil cuando se trabaja de ese modo; simplemente, no sucede tan fácil, ni de manera tan natural y orgánica. De ahí que los líderes necesiten ser conscientes de esto y ayudar a facilitar esta comunicación entre los miembros de su equipo.

Recuerda que trabajar a distancia puede llegar a ser como vivir solo en una isla. Hay menos interacción y esta no ocurre por casualidad. Sin objetivos sólidos y claros, tus colaboradores podrían ir a la deriva, perdiendo de vista tanto el panorama general como su función. Es por eso que las herramientas —como los paneles electrónicos, las intranets y los sistemas de gestión de proyectos en línea— son tan importantes, pues brindan visibilidad inclusive cuando tu gente está a kilómetros de distancia.

Una cosa más a este respecto: los miembros del equipo que están "en su isla" tienden a ser menos conscientes de las contribuciones individuales, los roles y los objetivos de sus compañeros de equipo (que están en la oficina, en sus propias islas o en ambos). Cuando las personas no tienen ni idea del trabajo que realizan los demás, es menos probable que comprendan las preguntas que les hagan, que asuman que los demás no están ocupados o que su trabajo no es importante y muchas otras cosas más. Esta falta de conciencia y comprensión podría causar rupturas en el equipo, mala comunicación, frustraciones y conflictos. Como líder, es tu responsabilidad asegurarte de que todos se enteren del buen trabajo que están haciendo sus compañeros y que ellos tengan la oportunidad de generar confianza entre sí. No importa si estás ocupado o si es difícil hacerlo —este es uno de los desafíos del liderazgo remoto que debes aceptar y afrontar.

Como líder a distancia, asegúrate de que los miembros de tu equipo también tengan claro el contexto de los roles y los objetivos de los otros miembros del equipo. También debes decidir con qué frecuencia te comunicarás con cada uno para hablar sobre estas métricas. Así, contribuirás a evitar que ellos se sientan abandonados o microgestionados.

Pero espera: hay más

Acabamos de describir la lista básica de los resultados que cualquier líder de cualquier tipo de organización debe conocer. También nos referimos a los tipos de resultados que hay por lograr. Pero hay un tipo de resultado más granular y más operativo que ni siquiera hemos mencionado todavía.

Cuando piensas en objetivos, lo más factible es que a la vez pienses en resultados y lo más seguro es que también los llames metas. Sin embargo, la importancia de los objetivos es determinante, así que, en la siguiente sección, hablaremos sobre cómo establecerlos cuando lideramos un equipo distante. El hecho es que los objetivos de cada meta son solo un tipo de resultado y también es trascendental referirnos a ellos. En el trabajo diario, quizá más importantes que las metas, lo son las expectativas.

Las expectativas no se refieren solo a "grandes metas" o a "lo que debe suceder". Se trata de cómo se hace el trabajo: las reglas para trabajar juntos, la forma en que los miembros del equipo se apoyarán y se ayudarán unos a otros, qué herramientas usarán y en qué consiste una buena comunicación.

Las expectativas claras, mutuamente entendidas y acordadas son la base necesaria para un desempeño exitoso —y para una versión de ti mismo más exitosa (más tranquila y menos estresada) —. En otras palabras, cuando las expectativas son claras y entendibles, las posibilidades de que todos y cada uno de tus colaboradores tengan éxito son mayores. Además, existe una mayor probabilidad de alcanzar los resultados propuestos.

Por lo general, cuando Kevin comienza los talleres hace un ejercicio para que la gente aclare cuáles son sus metas y expectativas, de tal modo que su experiencia de aprendizaje sea óptima. Dicho ejercicio implica escribir y compartir esas ideas unos con otros. En su informe posterior, el grupo identifica algunos puntos importantes sobre las expectativas que se aplican directamente a su trabajo:

- *Las expectativas brindan claridad.* Se vuelven más obvias cuando las escribes. ¿Tienes escritas tus expectativas acerca de los miembros de tu equipo o solo las estás suponiendo?
- *Las expectativas proporcionan un enfoque y establecen prioridades.* Ayudan a las personas a tener claro qué es lo más importante de la lista. ¿Hay miembros en tu equipo que no coinciden contigo en las partes más importantes o relevantes del trabajo que están realizando?
- *Las expectativas generan un contexto.* Compartir las expectativas verbalmente les ayuda a todos a comprender tanto sus propias expectativas como las de sus compañeros. Así, es más fácil eliminar posibles brechas entre unos y otros. ¿Te has tomado el tiempo y el trabajo de conversar con tu gente sobre las expectativas que ellos tienen?
- *Las expectativas deben ser acordadas de manera mutua y explícita.* A menos que haya un acuerdo explícito, los miembros de tu equipo tendrán que hacer sus propias suposiciones y, entre menos interactúen, más probable será que haya una disparidad en cuanto a cuáles son las verdaderas expectativas que ellos deben tener en conjunto. Recuerda que el simple hecho de enviar un correo electrónico sin explicarlo en algún momento determinado no genera verdadera claridad, ni acuerdos específicos.

¿Cómo pueden los miembros de tu equipo cumplir con tus expectativas si no saben cuáles son?

Antes de que pienses que todos en tu equipo "tienen que saber" cuáles son tus expectativas sobre ellos, permítenos hacerte otra pregunta.

A medida que lees esto, ¿estás pensando en algún miembro de tu equipo a quien quieras "encarrilar"? ¿Has estado leyendo en parte para ver cómo podrías liderar a esa persona de manera más efectiva?

Si es así, hazte esta pregunta: ¿saben todos tus colaboradores a ciencia cierta qué es lo que tú esperas de ellos? Porque al igual que como ocurre durante el taller de Kevin, si ellos no saben lo que tú esperas, ¿cómo podrán llenar tus expectativas?

Como verás, establecer expectativas claras y mutuamente entendidas con los miembros del equipo es una de las labores más importantes a desarrollar en tu función de líder. De ese modo, estás haciendo lo más simple posible para incrementar las posibilidades de que cada uno logre los resultados deseados en la función que desempeña. Difícilmente, se podrá exagerar la importancia de hacer esto para asegurar el éxito y la confianza de tus colaboradores —y también *tu* cordura.

Bien podría parecer que hacer esta labor a distancia es incluso más importante (si eso es posible), porque los miembros de tu equipo están solos y tienen menos interacción contigo que les ayude a guiarse y establecer sus expectativas. Sin embargo, en nuestra experiencia, muchos líderes tampoco lo están haciendo muy bien con los miembros de su equipo que trabajan de manera presencial. De modo que invierte tiempo en ellos para ayudarles a que las expectativas sean claras para todos sea cual sea su lugar de trabajo donde se encuentren. Así, les darás una imagen mucho más clara de los resultados que los harán exitosos.

Detente y piensa

- Son claros los resultados organizacionales?
- ¿Son claros los resultados que esperas de tu equipo?
- ¿Son claros los resultados individuales de todos y cada uno de los miembros de tu equipo?
- Si no, ¿cuándo vas a comenzar a trabajar para lograr ese nivel de claridad que se necesita?

7

Establece (y alcanza) metas para tus equipos a distancia

Regla 7 Concéntrate en alcanzar las metas y no solo en establecerlas.

*"Establecer una meta no es lo principal.
Lo principal es planear cómo alcanzarla y ceñirte a ese plan".*

—Tom Landry, entrenador de fútbol del Salón de la Fama

Frank ha sido gerente de ventas durante cinco años. Siempre ha tenido un par de colaboradores que trabajan desde sus oficinas en casa, pero la mayoría de los miembros del equipo trabaja en la misma locación, junto con él, excepto cuando se desplazan a visitar clientes. Sin embargo, en este último año, el equipo ha trabajado más desde casa y ha ido a la oficina con menos frecuencia. Sus mejores empleados han seguido cumpliendo con sus cuotas y muchos hasta las han sobrepasado, pero él ha venido observando que los nuevos empleados están luchando por, como mínimo, alcanzarlas. Así que pasa más tiempo con ellos, de modo que no han podido beneficiarse de los consejos, ni de las historias de guerra de sus compañeros veteranos en el campo de las ventas. En general, la cuota total de ventas del equipo parece ir bien, pero él está pasando demasiado tiempo gerenciando a los vendedores a nivel individual, sin enfocarse lo suficiente en hacer planificación estratégica. Les está dedicando más tiempo a metas que suele "establecer y después olvidar".

En nuestra opinión, existe un vacío importante en la literatura existente con respecto al establecimiento de metas. Elige cualquier libro sobre el tema (ya sabes, el que está acumulando polvo en tu biblioteca) y verás que este se refiere a cómo hacer un buen trabajo al delinear un proceso muy específico para establecer metas. Por lo general, este no es el problema. El verdadero problema es que la mayoría de los libros no toca el tema, ni se centra en cómo lograr con esmero las metas establecidas.

Esta falencia se manifiesta en organizaciones y equipos de todas partes. Estas suelen tener una fecha límite para establecer sus metas anuales. Por eso, el trabajo y el enfoque se centran en este proceso de establecerlas y las empresas tratan de elegirlas en medio de reuniones acomodadas en bloques de tiempo en los que suele realizarse el trabajo diario. Una vez establecidas, se le dan a conocer al grupo (y/o al líder) y todos lanzan un suspiro colectivo. Hay una especie de celebración, o al menos, cierto grado de información acerca de la ruta a seguir antes de que todos regresen a sus labores. Luego, unos nueve o diez meses después, se repite el proceso.

El problema al que se enfrentan las organizaciones refleja nuestro problema con todos esos libros: que el enfoque está puesto en *establecer* las metas, cuando en realidad debería estar puesto en *lograrlas*.

Si de alguna manera te identificas con este escenario algo cínico que acabamos de describir, te tenemos buenas noticias: tú puedes cambiarlo y, cuando lo hagas, tu equipo mejorará a gran velocidad y tú obtendrás resultados más duraderos.

Ahora que te hemos compartido nuestra perspectiva, refirámonos un poco a cómo establecer metas más efectivas en un entorno remoto y dediquémosle un espacio importante a qué y cómo hacer para contribuir a lograr esas metas.

Estableciendo metas para equipos a distancia

Casi todo el mundo está de acuerdo en que las metas deben ser *SMART* (inteligentes), una mnemotecnia que les encanta usar a los autores. Si bien no todos usan los mismos términos para darle sentido, estos son las que nosotros usamos:

- *Specific* (Específica)
- *Measurable* (Medible)
- *Actionable* (Accionable)
- *Realistic* (Realista)
- *Time-driven* (Dentro de un marco de tiempo)

La razón por la que esta mnemotecnia se ha vuelto omnipresente es porque es difícil discutir con la sabiduría planteada en cada uno de estos cinco atributos. Cuando estos son reales y están implícitos en la declaración de una meta, estás incrementando las posibilidades de alcanzarla.

En nuestra experiencia, los miembros de los equipos encuentran que dos de estos criterios son los más difíciles de dominar y de hacer que funcionen a distancia: lograr que las metas sean medibles y realistas. Hablemos de cada uno de ellos e identifiquemos los matices de estos desafíos cuando no estás allí donde se encuentran los miembros de tu equipo.

Hacer que las metas sean medibles

Algunas metas son fáciles de medir. Si eres un vendedor líder (a distancia de tu líder o no), no tienes ningún problema con respecto a este punto; después de todo, una meta de ventas es 100% medible. Con solo mirar las cifras de ventas sabrás dónde te encuentras y qué tan cerca estás de lograr tu meta. Existen muchos otros cargos laborales en los cuales no tienes que pensar demasiado para establecer metas medibles. En otros es posible que no haya un objetivo financiero o tangible obvio y que tengas que trabajar más duro para generar metas medibles.

Para que el trabajo de todos y cada uno de los miembros de tu equipo sea más medible, pregúntate de qué otras maneras sería factible cuantificar sus esfuerzos y contribuciones. Las siguientes preguntas te ayudarán:

- ¿Cuáles son los componentes *cuantitativos* del trabajo?
- ¿Cómo influye el *tiempo* en el éxito del trabajo?
- ¿Cómo determinar la *calidad* del trabajo?

Recuerda, aunque hemos tratado de disipar las posibles preocupaciones que tengas sobre lo que hacen tus colaboradores si no los ves trabajando en el día a día, al encontrar objetivos medibles, tus inquietudes en este aspecto se reducen. Si bien las mediciones siempre deben ser claras, cuando trabajas con miembros del equipo distantes, establecer mediciones en partes más pequeñas es aún más importante. Cuando la gente trabaja sola, en su propia burbuja, y las metas son demasiado extensas, es fácil dejar pasar demasiado tiempo antes de que ellos se den cuenta que necesitan corregir su rumbo. Tal vez, ellos estén luchando con un desafío, pero no quieren admitir que están teniendo problemas; también puede ocurrir que estén trabajando bajo instrucciones que ya no son vigentes, porque, literalmente, no recibieron el memo en que les dabas a conocer un cambio de rumbo.

A esta clase de situaciones, Wayne las llama "momentos Wile E. Coyote". En las caricaturas clásicas de Road Runner, Wile E. Coyote a menudo persigue tan intensamente a su objetivo (el Road Runner) que corre por el borde del acantilado. Los espectadores nos reímos en la pausa antes de que él caiga al suelo del cañón, pero es un hecho que ese no es un motivo de risa para él. Tampoco lo será para los miembros de tu equipo cuando ellos se den cuenta de que han ido demasiado lejos y necesitan empezar de nuevo o hacer un montón de reelaboraciones o ajustes importantes. Es por esto que medir el progreso con frecuencia y con intención marca la diferencia. Si observas que Margaret va por buen camino con su trabajo, relájate. En cambio, si sabes que Bob se acerca a la fecha límite, es muy probable que desees verificar si él necesita recursos adicionales o ayuda con algo.

Si bien es un hecho que hacer estas preguntas ayuda, también es un hecho que ellas no resuelven el desafío de lograr que las metas sean medibles en todos los trabajos o en todas las partes de cada trabajo.

Piensa en Frank, nuestro gerente de ventas. Ciertamente, él está midiendo cuántas llamadas salientes y citas hacen sus representantes. Pero, ¿está comprobando la frecuencia con la que ellos hablan con sus compañeros? Si compartir las mejores prácticas es un objetivo a nivel de equipo, ¿ha contribuido él como líder a establecer un sitio web de preguntas y respuestas o ha verificado que los miembros del equipo le estén ayudando a un compañero novato, tal y como él les pidió que lo hicieran?

Dos tipos de metas

Ya hemos hablado sobre el *qué* y el *cómo* del trabajo a realizar de todos y cada uno de los miembros de un equipo. La mayoría de la gente piensa en las metas en términos de "qué" logros (o resultados tienen que cumplir —tema que acabamos de presentar—. Pero eso no siempre es suficiente, ni te brinda una imagen completa de cómo tus colaboradores están haciendo su trabajo (ni tampoco del "proceso" en el que van las metas trazadas). Entonces, si todavía te sientes un poco preocupado acerca de cómo saber qué están haciendo tus empleados cuando no están trabajando en el mismo lugar que tú, el siguiente tipo de metas te ayudarán enormemente.

La estrategia de Jerry Seinfeld

Si buscas en internet, encontrarás una estrategia de logro de metas atribuida a Jerry Seinfeld[1]. El concepto es sólido y por esa razón te lo compartiremos.

La idea es simple: si la meta es ser un mejor cómico, el objetivo del proceso podría ser escribir nuevos chistes todos los días. Jerry le aconsejó a una joven comediante que consiguiera un calendario anual completo y bastante amplio, y que lo pusiera en una pared donde ella pudiera verlo constantemente.

Luego, tendría que marcar una X con un marcador rojo cada día que ella escribiera nuevos chistes. Su meta consistía en mantener intacta la cadena de X.

Damos fe de que esta estrategia funciona y, cuando lo piensas, te das cuenta que funciona en muchos lugares:

- Hay una gran cantidad de "aplicaciones sobre hábitos", como Lifehacker y Productive, que proporcionan esta clase de calendarios[2].

- Esta estrategia de hacer que las actividades sean medibles es una herramienta clave en el campo de la gamificación, haciendo que las actividades y el aprendizaje parezcan cada vez más un juego.

- La correlación entre esta estrategia y los grupos para dejar adicciones (Alcohólicos Anónimos, Narcóticos Anónimos, etc.) es clara.

Una buena idea es que esta X esté ubicada en un tablero en línea (herramientas como SharePoint, tu intranet o tu software de administración de proyectos) donde tú y los miembros de tu equipo a distancia puedan acceder y verla fácilmente. A lo mejor, le reportan el progreso una vez por semana tanto a ti como líder y también al equipo o hablan de él en el transcurso de sus reuniones individuales (ya hablaremos más sobre este especto). El hecho es saber utilizar las circunstancias que te rodean, la naturaleza del trabajo y hasta a los miembros mismos para determinar cómo hacer estas mediciones (que además suelen servir como la medición del proceso en que va la meta). Cuando encuentras la forma de hacerlas, esto significa que tienes metas más medibles.

¿Y qué del lado realista de las metas?

La otra pregunta que escuchamos sobre las metas *SMART* es: "¿Cómo saber que las metas son realistas?". Comencemos por lo que una meta *no debería* ser:

- No debería ser una pérdida de tiempo, esfuerzo y recursos.
- No debería ser tan amplia que el equipo la considere imposible de alcanzar.

En otras palabras, una meta realista es aquella que amplía tus horizontes, pero que te permite diseñar un plan realizable, de tal modo que sea factible alcanzarla.

Piensa en una banda de goma y en su capacidad de expansión y distensión. Si la dejamos permanecer ahí, flácida, sobre nuestro escritorio, no nos prestará ninguna utilidad. Y, si la halamos más allá de su punto de ruptura, tampoco nos servirá para mayor cosa. Esta analogía ilustra muy bien lo que son las metas poco reales: son tan amplias que no funcionan; de hecho, nos desmotivan. En cambio, cuando estiramos la goma elástica lo suficiente, la tensión nos pide que nos movamos en la dirección de esa tensión. Esta es nuestra metáfora para ilustrar lo que es una meta realista, poderosa y útil, justo para explicar por qué es tan importante establecer metas a un nivel apropiado.

Con las metas pasa como le ocurrió a Ricitos de Oro con los tazones de los tres cerditos: que el alimento que ella buscaba no debía ser demasiado frío, ni demasiado caliente, sino a la temperatura adecuada.

Desearíamos poder darte una definición o una respuesta específica y sólida a las preguntas de "qué es una meta realista" o "correcta", pero, como dicen todos los buenos consultores, comenzaremos diciéndote que "depende".

¿De qué depende que sea "realista"?

- *De la ejecución de proyectos anteriores.* Quizá, de los diez o quince proyectos que tu equipo ejecutó el año pasado, es posible que algunos de ellos hayan sido realistas y que otros no. Analízalos y evalúa qué metas son verdaderamente reales y factibles de realizar.

- *Del nivel de confianza del equipo.* La confianza juega un papel en el logro de cada meta. Si tienes un miembro en el equipo cuyo nivel de confianza en general, o solo en la realización de una tarea específica, es bajo, entonces, necesitarás tener eso en cuenta al establecer una meta realista. Esta no debe ser en ningún modo una excusa de porqué estás obteniendo bajo rendimiento, pero es parte de tu rol como líder ayudarles a todos y cada uno de los miembros de tu equipo a desarrollar un óptimo nivel de confianza para que todos puedan alcanzar niveles más altos de rendimiento.

- *Del desarrollo reciente o del historial de las habilidades del equipo.* ¿Cómo están desarrollando tus colaboradores sus habilidades? Si han trabajado mucho mejor durante el último trimestre que en los tres anteriores, lo más conveniente es que la meta anual se base en su nivel de desempeño más reciente, no en el del año completo.

- *De la visión del mundo.* En relación con la confianza, los cínicos del mundo siempre sentirán que las metas a cumplir deben ser más bajas —ellos no están dispuestos a vencer los obstáculos, ni las trampas, ni los posibles aspectos negativos que surjan en el camino a cumplirlas—. Sin duda, esta debe convertirse en una oportunidad de entrenamiento, sin embargo, recuerda que las opiniones personales afectarán lo que cada uno consideramos que es realista.

Cómo hacer que las metas sean realistas

A continuación, te ofrecemos algunas sugerencias para que las metas de los miembros de tu equipo a distancia sean más realistas. (En general, este es un buen proceso para establecer metas de manera colaborativa —y lo más realistas posibles).

1. *Proporciona la información necesaria.* Asegúrate de que todos sepan cuál es el nivel de desempeño proyectado para este año, cuáles son las metas organizacionales para el próximo año y cuál es la importancia relativa, así como la prioridad de cada meta que se está estableciendo.

2. *Espera un óptimo nivel de compromiso.* Hazle saber a tu equipo (sobre todo, si esta es una idea nueva para ellos) que el proceso de establecimiento de metas será colaborativo. Pídeles que vengan preparados a la reunión y que, desde el momento en que se conecten contigo vía video, su nivel de preparación sea mucho mayor que el de mencionar una simple idea. Sin esa información visual, no tendrás cómo analizar, ni evaluar la expresión de preocupación manifestada en sus rostros, ni señales corporales que te permitan captar qué tanto es su verdadero interés en el proyecto a realizar. Recuerda, existe una gran diferencia entre aceptar ser parte de una labor y comprometerse 100% en ella.

3. *Ante todo, escucha.* Si deseas obtener metas realistas con las que la gente se comprometa, necesitas generar una conversación. Como jefe, no tendrás una conversación sincera si eres tú quien comienzas a hablar primero o si dominas la conversación. Si tus colaboradores no están preparados, ni tienen ideas claras sobre las metas a trazar, es mejor que les reiteres cuales son las necesidades del proyecto y que les comuniques tu deseo de que ellos estén preparados (y reprogramados)

para aportar propuestas coherentes en lugar de, simplemente, seguir adelante con tus ideas sin haberlos escuchado primero. Ten cuidado de reservar suficiente tiempo para este tipo de reunión, ya que es más común preocuparse por "perder el tiempo" en un entorno virtual que cuando todo el equipo está reunido, tomando una taza de café. Esto no solo debe ser una prioridad, sino que tu equipo debe notar que es importante para ti escucharlos.

4. *Si es necesario, adáptate a sus propuestas.* Si deseas que ellos se apropien de las metas, estas deberán provenir de ellos. Ahora, si establecen metas que tú consideras demasiado fáciles o que no están del todo alineadas con las necesidades de la organización, lo más probable será que tengas que ayudarles a elevar tales metas. No te limites a cambiarlas unilateralmente, más bien, habla con ellos. Ayúdalos a ver que una meta más alta sería más realista para todos. Asegúrate de que la conversación aumente sus niveles de comodidad y confianza para alcanzar la meta planteada. El hecho de que desees un acuerdo no significa que tengas que aceptar todas las metas que ellos elijan sin objetar nada al respecto; después de todo, tú eres el líder.

5. *Logra un acuerdo.* Una vez que tengas metas *SMART* con las que todos puedan trabajar, tendrás la mejor oportunidad de alcanzarlas. Sin embargo, habrá ocasiones en que, aun si trabajas en busca de hacer un verdadero acuerdo, es posible que solo llegues al punto de obtener a cambio solo un poco de aceptación o de interés por cumplirlas. E incluso así, la conversación habrá valido la pena.

Hasta aquí, hemos estado hablando de metas individuales, pero las mismas reglas aplican a las metas del equipo. Ya sea que los tengas a todos reunidos para hacer la planeación de metas o estés utilizando tus herramientas de conferencia web, el proceso es el mismo. Kevin utiliza este enfoque básico para establecer las metas de los ingresos de la empresa cada año. Si la meta es que el equipo se apropie de ellas, debes comenzar con que todos tengan la información que necesitan y establecer una reunión para hablar al respecto. Si como jefe Kevin les da las metas por cumplir y luego les pregunta: "¿Qué opinan?", lo más probable es que obtendrá una de estas dos respuestas:

- Muestras de desacuerdo y una forma no muy clara de avanzar hasta cumplirlas.

- Muestras de aprobación, pero el equipo estará de acuerdo con tus propuestas de manera tácita, siendo muy probable que nunca se apropien de ellas o que no le encuentren mucho sentido a qué tan realistas son. Una vez más, cumplir con una meta es muy diferente a comprometerse con ella. Y recuerda, cuando tú no estás presente pierdes muchas de las señales visuales y no verbales que reflejarán cómo está recibiendo tu equipo las metas propuestas.

Como verás, hacer que las metas sean realistas es importante. La mejor manera de saber que lo son es cuando ves que estas le brindan orientación y motivación a tu equipo de trabajo y además notas que todos están de acuerdo contigo.

Planifica para alcanzar logros tempranos

Hemos dicho que, con demasiada frecuencia, el enfoque (tanto a nivel de la organización como personal) suele estar puesto en establecer metas y no en alcanzarlas. La forma más fácil y tangible de superar este estilo de enfoque tan común es vinculando los procesos de establecimiento y de planificación de todas y cada una de ellas.

La energía, el entusiasmo y la claridad de las metas suelen ser mayores en el momento de establecerlas. Aprovéchalos, dedicando el tiempo que sea necesario a planificar cómo lograrlas lo antes posible, una vez establecidas.

Si las generas de manera colaborativa, lo más seguro será que no desees pasar de inmediato a planificarlas (aunque, si llegas a establecerlas rápidamente, es posible que sí tengas tiempo para trabajar en su planificación). Sin embargo, si no alcanzas a trabajar en el plan, cierra la reunión, decidiendo cuándo se reunirán para trabajar en ese aspecto. Fija una fecha en el calendario y decide qué tecnología usar para desarrollar este próximo paso tan importante. Cada vez que diseñas el plan en los días siguientes a haber establecido las metas por cumplir, capitalizas la mayoría de estos beneficios propios del proceso de la "selección temprana" de ellas.

Cómo lograr las metas trabajando a distancia

Incluso si planificas los pasos que se requerirán para lograr las metas lo más rápido posible después de establecerlas, esa no es la historia completa. A partir de ahí, debes ejecutar ese plan y hacer el trabajo necesario hasta alcanzarlas. La cuestión es esta: si alcanzar las metas fuera fácil, no se escribirían tantos libros al respecto.

Las metas no se logran en el vacío. Las prioridades cambian, surgen emergencias y suceden cosas. Cuando todo eso ocurre dentro del modelo de liderazgo a distancia, es aún más difícil de reconocer, así como ofrecerle asistencia al equipo y cambiar de rumbo. A menudo, los empleados toman decisiones por sí mismos que afectan las metas a largo plazo tanto de la empresa como de ellos como equipo. Lo malo de esto es que tú no lo sabrás, sino hasta cuando ya sea demasiado tarde. Como líder a distancia, tú y tu gente necesitan tener un proceso que les permita solucionar lo inesperado al mismo tiempo que todos se mantienen en una sola dirección.

Establece expectativas claras desde el principio

Una vez que tengas el plan a seguir, asegúrate de que todos tengan claro que dicho plan no es una simple sugerencia, sino una hoja de ruta. Incluso un GPS vuelve a calcular según sea necesario, pero te mantiene encaminado hacia tu meta. Asegúrate de que ambas partes (tú y los miembros de tu equipo) comprendan el plan a la perfección y hayan pensado en cómo este funcionará en la realidad del trabajo diario y qué hacer cuando surja algo inesperado.

Visualiza las metas por cumplir

En 1971, cuando se inauguró Disney World, le preguntaron a Roy Disney (hermano de Walt y además ejecutivo de la empresa) qué habría pensado Walt si hubiera podido ver terminado el parque (Walt murió durante su construcción). La respuesta corta de Roy fue: "Parece que tú no lo entiendes. Walt lo vio antes que todos nosotros. Por eso, estamos aquí". Cuando nos tomamos el tiempo para ayudarles a las personas a ver literalmente el resultado en tres dimensiones, es más probable que alcancemos la meta. Aprovecha esta imagen tridimensional en las conversaciones con la gente, sobre todo, cuando los desafíos aumenten y tus colaboradores se sientan frustrados por la falta de progreso. Cuando esto suceda con los miembros del equipo al cual lideras a distancia, utiliza tus herramientas para hacer conferencias web y las cámaras web para que las conversaciones sean lo más efectivas posibles.

Asegúrate de ejecutar una implementación consistente

La mejor manera de alcanzar una meta es trabajando en ella con regularidad. ¿Recuerdas la "estrategia" de Seinfeld? Anima a los miembros de tu equipo a trabajar constantemente en el plan diseñado para lograr las metas propuestas. Los pasos individuales no tienen por qué ser grandes; lo que importa es el progreso —los pequeños avances diarios suelen superar los grandes esfuerzos que haya que hacer en momentos determinados.

Haz que el progreso en los planes para cumplir las metas sea una parte habitual de tus conversaciones con todos y cada uno de los miembros de tu equipo y entre ellos. Así, te mantendrás informado, lograrás eliminar de inmediato los contratiempos que puedan presentarse y reforzarás en tu equipo la importancia de alcanzar las metas. De ese modo, reducirás el estrés en ambas partes —como líder, obtendrás la información que necesitas, pero, debido a que se han hecho acuerdos mutuos, tus colaboradores no sentirán que lo que estás haciendo es microgestión.

Planifica bien el tiempo

Si las metas propuestas son lo suficientemente importantes como para trabajar en ellas hasta alcanzarlas, deberás proporcionarle a tu equipo el tiempo que se requiera para cumplirlas. Como líder, parte de tus funciones es ayudarles a ellos a administrar su tiempo y concederles todo el que sea necesario para que realicen un buen trabajo. Recuerda que, cuando tus colaboradores trabajan a distancia, ellos tienden a resolver los problemas, trabajando más horas e incluso descuidando de manera involuntaria algunas tareas de las que otros dependen. Por lo tanto, ayúdalos a tener éxito, planificando su tiempo de manera realista.

Aprovecha el tiempo al máximo

Es importante trabajar en las metas. Te apostamos a que ya antes has programado trabajos importantes en tu calendario, pero te desprogramaste cuando surgió una reunión inesperada o asuntos urgentes y lo que habías planeado realizar durante el día se diluyó en medio de estos imprevistos. Si bien no le deseamos a nadie lo que vamos a decir a continuación, imagínate por un segundo esta situación hipotética: si ya antes hubieras experimentado ciertos problemas cardíacos y tuvieras una cita programada con tu cardiólogo, ¿la cancelarías por las mismas razones por las que a veces cancelas otras citas que tienen que ver con tu propio beneficio? Es casi seguro que no.

Cuando tú o los miembros del equipo programen tiempo para trabajar en algo importante —como lo es el logro de una meta o la planeación de ella—, haz que ese tiempo sea tan sagrado como el "que destinas para cumplir tu cita con el cardiólogo". Del mismo modo, cuando los miembros de tu equipo a distancia programan un tiempo específico para comunicarse contigo o con los demás, el resultado será que todo el equipo logre más metas y en menos tiempo del presupuestado. Dicho en otras palabras, para funcionar mejor, bien sea como un equipo remoto o híbrido, es crucial que todos conozcan la programación de los demás y que se reúnan para acordar plazos y prioridades.

Haz que el cumplimiento de las metas sea una prioridad

Si el único momento en que las metas son una prioridad es cuando las estableces, no tienes muchas posibilidades de lograrlas y tal vez hubiera sido mejor no establecerlas en absoluto. En cambio, si estás haciendo todas las cosas que te acabamos de enumerar, cumplir las metas será una prioridad para los miembros de tu equipo (y estas serán vistas como tal).

Informar y pactar con regularidad

Una de las mejores cosas que puedes hacer para ayudarles a tus colaboradores a lograr sus metas es hablar sobre ellas con regularidad. Esto significa tener una conversación real, no solo "informar". Los informes de progreso o las actualizaciones de estado son excelentes, pero no te muestran si alguien está preocupado por algo o se siente demasiado confiado. Si deseas lograr más, haz que hablar del progreso de las metas sea parte de tus conversaciones diarias con tus colaboradores. Establecer metas incrementales más pequeñas genera más razones para conectarte con más frecuencia. Recuerda, trabajando a distancia no te encontrarás en el pasillo con tu grupo de trabajo, por lo tanto, debes ser más intencional en generar estas interacciones que, aunque sean cortas, también son cruciales.

Proporciona los recursos necesarios

Parte de tu trabajo como líder es ayudarle a tu equipo a eliminar inconvenientes y brindarles las herramientas y los recursos para hacer realidad el plan trazado. El tiempo es un recurso, pero también hay otros recursos, como orientarlos para que sepan identificar en quién más en la organización pueden confiar en el momento de obtener más información o experiencia. Haz tu trabajo y ayúdalos a alcanzar las metas fijadas.

Sé flexible

Una de las mayores quejas que escuchamos sobre el establecimiento de metas en las organizaciones es que el mundo está cambiando tan rápido que establecerlas no es productivo —dado que las cosas cambian con demasiada velocidad—. Es cierto —se producen fusiones, surgen nuevos proyectos, se desarrollan nuevos productos y las prioridades cambian—. Es por esto que necesitas ser flexible con las metas, así como con las prioridades que estas implican y estar dispuesto a pasar algunas a un segundo plano (o a eliminarlas de la lista). Nuestro consejo aquí es doble:

- Aceptar que las cosas pueden cambiar a medida que avanza el año.
- Trabajar en conjunto con tu equipo en función de realizar los ajustes necesarios.

Detente y piensa

- ¿Cumplen tus metas con las características del acrónimo *SMART*?
- ¿Te has detenido a analizar qué tan acertada estuvo la selección de las metas, así como los resultados que obtendrás al alcanzarlas?
- ¿Estarás enfocándote demasiado en establecer las metas... y como resultado, no te estás enfocando lo suficiente en el plan que te ayude a lograrlas?
- ¿Cómo más podrías contribuir a que tu equipo de trabajo alcance las metas propuestas?

8

Haciendo entrenamientos y retroalimentación a distancia

Regla 8 Entrena a tu equipo de manera eficaz, sea donde sea que trabajen quienes lo integran.

"Una de las mejores cosas que puedes hacer por otras personas es ayudarlas a identificar qué y cómo hacer para mejorar".

—Wess Roberts, autor

Helen está teniendo dificultades con su equipo de servicio al cliente. La mitad trabaja desde el centro de llamadas y el resto desde sus casas. Ella sabe que hacer entrenamientos y brindarle al equipo retroalimentación continua son aspectos fundamentales para tener éxito y siempre ha hecho un buen trabajo en estas dos áreas. Sin embargo, ciertos comentarios recientes muestran que aquellos colaboradores con quienes ella comparte el lugar de trabajo están mucho más felices con sus entrenamientos y su asesoría que los que trabajan a distancia. Por esa razón, ella está luchando por programar tiempo con quienes trabajan desde casa, pero las sesiones de entrenamiento son mucho menos satisfactorias tanto para ella como para sus empleados distantes, así que se pregunta qué está haciendo mal y si será posible ser tan eficaz a distancia como trabajando en el mismo lugar.

En general, el tema sobre hacer entrenamiento es bastante amplio y hay muchos libros y planes de estudios completos al respecto. Al comienzo de esta lectura, hicimos algunas suposiciones, una de las cuales es que tú ya estás familiarizado con la mayoría de los conceptos básicos sobre liderazgo, los cuales incluyen la necesidad y la voluntad de entrenar a tu equipo. Si tu organización tiene un modelo o proceso predefinido para hacer entrenamientos, lo que sigue contribuirá a que aumentes los resultados de tus esfuerzos. Si aún no tienes un método definido para hacerlos, te sugerimos el modelo simple que describe el libro *Remarkable Leadership*, escrito por Kevin.

La diferencia marcada por la distancia

Si tuviéramos que elegir un área que necesite mejoramiento en el rol del liderazgo, esa sería la de la facultad para hacer entrenamientos de calidad. Esta también es el área en la que los líderes a distancia sienten que podrían mejorar a diario. En la distancia, el tiempo parece más escaso, las conversaciones pueden ser más incómodas o más difíciles y es muy frecuente que los líderes no se sientan seguros de que lo están haciendo bien. Trabajar de forma remota crea una capa adicional de complejidad en las áreas de nuestro trabajo en las que ya de por sí nos sentimos menos seguros. Los fundamentos sobre cómo hacer un entrenamiento efectivo (tener metas claras, construir buenas relaciones, brindar motivación y corrección a la vez) no cambian si estás en el mismo recinto con tus colaboradores o a un océano de distancia. Sin embargo, de cierto modo, parece más difícil.

Existen dos razones de peso que hacen que entrenar de forma remota parezca una labor más complicada y estresante:

Cada interacción debe ser consciente e intencional. Cuando no estás trabajando en el mismo lugar, no te encuentras con tus colaboradores en la sala de descanso, ni los ves con el rabillo del ojo, ni te acercas a su cubículo para charlar un rato. Entonces, necesitas llamar su atención de una manera intencional, así sea restándole tiempo a cualquier otra cosa en la que tú y ellos estén trabajando. Si eres el tipo de persona que, por una razón u otra, se siente tentada a evitar este tipo de conversaciones, trabajar de forma remota hace que sea más fácil no hacer lo que tienes que hacer.

La comunicación a través de la tecnología crea obstáculos mentales y sociales que no existen frente a frente y en persona. Es apenas natural que nos comuniquemos mejor cuando estamos en presencia de otras personas. Cuando estamos a distancia, trabajamos con tecnología, hecho que bien podría parecer una barrera, y nos sentimos presionados por el tiempo. Si alguna vez te has sorprendido a ti mismo iniciando una conversación en línea con frases como "esto solo tomará un minuto y luego podrás volver a lo que estabas haciendo", y en seguida te apresuraste a pasar por la que debió haber sido una conversación más sustanciosa, entonces, sabes a qué nos estamos refiriendo.

Lo que sigue con respecto a hacer entrenamientos es efectivo y está diseñado para abordar estos dos problemas que son particularmente preocupantes cuando estás liderando a distancia.

Haz que la rendición de cuentas sea clara

Los grandes entrenadores se preocupan y piensan en el desempeño y las habilidades de los miembros de su equipo. Como líder, te sientes responsable si alguno de ellos no se está desempeñando como debería, así que piensas en qué más puedes enseñarle, en otras formas posibles de inspirarlo y en implementar otras estrategias. Si bien es importante pensar en qué más puedes hacer, al final, la responsabilidad por el desempeño propio es individual. Tu trabajo es promover la confianza, la habilidad y la competencia de tus colaboradores, porque son ellos quienes están haciendo el trabajo.

Revisa tus conceptos

Cualquier cosa que creas sobre cada miembro de tu equipo afectará drásticamente su capacidad para tener éxito en su trabajo. Piénsalo de esta manera: si crees que alguien puede tener éxito, buscarás estrategias, ejemplos, información y resultados que confirmen tu fe en esa persona. Pero lo contrario también es cierto. Una vez que tengas una opinión negativa sobre alguien, esta se notará en el trabajo que realizas liderando a esa persona. Y si eso es cierto cuando trabajas frente a frente, de manera presencial y todos los días con tu equipo, es aún más cierto cuando no los ves con la misma frecuencia, ya que se encuentran lejos.

Esto se denomina sesgo de confirmación y aumenta en un entorno remoto, porque tienes menos datos a los cuales recurrir. Las personas suelen ser menos conscientes de las evidencias conflictivas, porque no procesan la información electrónica de la misma manera que lo hacen en persona. Debido a que a menudo lees como escaneando los correos electrónicos, a menos que algo realmente te llame la atención, es probable que te pierdas de la posibilidad de hallar pistas sutiles que no se ajusten a tus opiniones sobre la competencia y los motivos de esa persona con la que no haces buen equipo.

Asume una intención positiva y prepárate para equivocarte

Analiza estas dos suposiciones básicas que hacemos sobre las capacidades de las personas y los resultados que ellas obtienen:

- Al comienzo de la conversación en la que vas a empezar a hacer un entrenamiento, asume lo mejor —que la intención de la persona es correcta; que incluso si se equivoca o no alcanza una meta o una fecha límite, será por razones válidas y comprensibles y no por ineptitud.

- Al comienzo de la conversación en la que vas a comenzar a hacer un entrenamiento, asume lo peor —que la persona está al tanto del asunto y aun así no le importa o que, por alguna razón, no es consciente del problema.

Según esto, ¿no es justo decir que tu suposición inicial afectará la forma en que le hagas preguntas y comentarios a quien estés entrenando? Por eso, estamos convencidos de que siempre es mejor comenzar con una intención positiva. De ese modo, obtendremos mejores resultados del entrenamiento.

Wayne dice que esta es una de las grandes fortalezas de Kevin, pero al igual que con cualquier otra fortaleza, puede convertirse en una debilidad, por lo cual agregamos: "Prepárate para equivocarte". Quizás, asumas una intención positiva y te equivoques al hacerlo. Y cuando lo estés, deberás entrenar desde una posición más severa y clara. Es posible que estas conversaciones no sean fáciles, sobre todo, al hacerlas de forma remota, pero utilizando las lecciones que hemos compartido a lo largo del libro, estamos convencidos de que tendrás éxito en tu labor de entrenador.

Recuerda que hacer entrenamientos no se trata de dónde están las personas hoy, sino de dónde pueden llegar a estar a futuro. Así que busca razones para creer en los demás y en su potencial. Si no comienzas con la certeza de que las personas pueden ser entrenadas, no las entrenarás como debe ser. Si se trata de entrenar a distancia, es posible que tengas que esforzarte más. Y está bien, pues vale la pena el esfuerzo.

Entabla siempre conversaciones valiosas

Demasiados entrenadores hablan demasiado la mayor parte del tiempo. Si deseas ser un mejor entrenador, cada vez que estés hablando sobre el comportamiento y los resultados de tu interlocutor, enfócate en entablar conversaciones bidireccionales y profundas. La mejor manera de hacer esto es *primero que todo, haciéndoles preguntas* y entablando una conversación en la que sea esa persona quien *hable al comienzo*. Al hacer esto cuando estás entrenando a distancia, procura que la conversación sea lo más efectiva posible. (Este es un momento para hacer de las cámaras web tus amigas. Más sobre esto a continuación). Cuando haya una pausa en la conversación, rompe ese silencio con una pregunta, no con tus opiniones sobre el tema que estén tratando.

Es fácil caer en la trampa de hablar demasiado, sobre todo, si estás hablando por teléfono y no tienes forma de medir cómo está reaccionando la otra persona. Recuerda que, si hablas para terminar con un silencio, les estás enseñando a los demás a permanecer callados y a dejarte hablar. Si tú eres el único que habla, es probable que la seguridad de tu interlocutor disminuya a medida que tú hablas. Esto es especialmente cierto, debido a que tú eres el jefe ("el jefe está hablando, así que mejor lo dejo hablar"). La estructura de poder está demasiado a tu favor, así que procura hacer todo lo posible para lograr un equilibrio. Primero, pregunta más y habla menos.

Asegúrate de que las expectativas laborales sean claras

Como vimos en nuestro Modelo de las Tres Os, ante todo, los líderes deben entrenar a sus equipos para lograr óptimos resultados. El hecho de que las expectativas sean claras no significa que se estén cumpliendo todas. Sin embargo, un entrenamiento eficaz depende de tener expectativas claras. Si quienes integran tu equipo de trabajo no saben cuáles son las expectativas por cumplir, aclararlas es la principal labor en el proceso de entrenamiento y eso es lo que debes hacer antes que cualquier otra cosa. Una de las mejores formas de aclararlas es poniéndolas por escrito. Creemos que hacer esto es más fácil con los miembros del equipo que se encuentran a distancia.

Si solo usas el teléfono, es natural que te preguntes si tu interlocutor está escribiendo datos importantes o incluso escuchándote. En cambio, cuando utilizas la tecnología para hacer entrenamientos, en beneficio de facilitar la conversación, las notas y las expectativas bien pueden ser visibles para ambas partes, utilizando las funciones de los dispositivos en los que estén trabajando. Esto facilita que haya mejores referencia y mayor claridad durante y después del entrenamiento. De modo que es muy útil, por ejemplo, compartir la pantalla, ya que así es mucho más práctico generar la creación de cualquier documento de manera conjunta y hacer las referencias a este que sean necesarias. Así, aumentas las probabilidades de obtener la claridad necesaria, puesto que, literalmente, tú y tu colaborador están viendo las cosas de la misma manera.

Selecciona y ejecuta un proceso definido

Como ya hemos dicho, si tienes a tu disposición una estrategia que te funcione para hacer entrenamientos, úsala. La mayoría de los modelos de entrenamiento se construye asumiendo que este será presencial, pero si te detienes y analizas todas las ideas contenidas en este libro (incluidos los capítulos siguientes sobre comunicación y uso de la tecnología), estarás en buenas manos. Si bien los miembros del equipo no necesitan conocer el modelo o enfoque que estás utilizando, no hay duda de que se beneficiarán de la consistencia con que trasmitas el mensaje y de tu forma de entrenar. Así, reducirás la angustia y la incertidumbre que sentirán tus colaboradores cuando sepan más sobre cómo y con qué frecuencia harás los entrenamientos.

Procura que el entrenamiento sea constante y frecuente

Es crucial. No existe ni la menor duda de que tu equipo de trabajo necesita asesoría y comentarios continuos. Piénsalo de esta manera: si tú haces algo bien, pero nunca recibes ningún comentario positivo al respecto, sin saberlo, ni darte cuenta, podrías cambiarlo y empeorarlo o, como mínimo, intentar nuevos enfoques que te generen menos éxito. En cambio, si recibes alguna retroalimentación que te indica que vas por el camino correcto, dejarás de hacer cambios y comenzarás a crear el hábito de implementar aquello que te esté reportando los resultados que esperas e incluso mayores.

De igual manera, si estás haciendo algo mal y no lo sabes, lo más probable es que sigas haciéndolo, asumiendo que está bien. Así, lo único que estás haciendo es desarrollar el hábito de hacer las cosas mal. En cambio, si te brindaran retroalimentación continua, evitarías hacer cambios cuando esos no sean necesarios o los harías si este fuera el caso. Por estas cosas, siempre es aconsejable mantener un cronograma actualizado de los entrenamientos que planeas hacer. Cuando lideras a distancia, existe la tentación de hacerlos de manera breve y poco frecuente. No te rindas, esta es una práctica crucial para ti y para tu equipo y los entrenamientos formales deben ser una prioridad en la ejecución de tu liderazgo. También habrá momentos para hacer entrenamientos de carácter informal, de los cuales hablaremos en breve.

Usa tu webcam

Hacer entrenamientos es lo suficientemente importante como para hacer que la comunicación sea lo más eficaz posible. ¿Por qué creemos que hacerlos frente a frente es mejor que usar el teléfono? Porque confiamos en las señales visuales y no verbales que contribuyen a lograr un mejor nivel de comunicación. Nuestro cerebro anhela una conexión visual con las personas con las que hablamos. Las cámaras web y otras herramientas que analizaremos en la siguiente sección contribuyen a mitigar el hecho de que no te encuentras en el mismo lugar con tus interlocutores.

Sabemos que muchas personas se sienten incómodas al estar frente a una cámara. De modo que, si ya de por sí somos reacios a comunicarnos por medio de ella, hacerlo de tal manera que nos haga retorcernos de incomodidad no servirá de nada. Sin embargo, es un hecho que la comodidad viene con la repetición. Cuanto más utilicen las cámaras, menos estresadas estarán sus usuarios. Para quienes son reacios al internet, está bien no forzarlos a usarlo todo el tiempo —ellos apreciarán esa consideración y flexibilidad de tu parte—. Solo es cuestión de que tengas presente que, si solo les pides a tus colaboradores que usen sus cámaras web para las que tú percibes que serán conversaciones difíciles, ¡tendrás un nuevo problema y este será aumentar el estrés incluso desde antes de que comiencen esas conversaciones! Por lo tanto, sí, sé flexible, pero solicita/insiste en usar las cámaras algunas veces y de tal modo que usarlas no siempre signifique que alguna conversación específica va a ser "trascendental".

Hazles seguimiento a tus entrenamientos

Con demasiada frecuencia, ocurre que haces entrenamientos, diseñas un plan de acción determinado para ayudarle a tu equipo a avanzar y, luego… no pasa nada. Ya sea que el seguimiento no se produzca por falta de disciplina, por mala administración del tiempo o por asumir que los resultados son los mejores, los miembros de tu equipo verán los entrenamientos o los vacíos que existen en su nivel de desempeño como si estos no fueran *tan* importantes. En el peor de los casos, es posible que a uno de esos miembros cínicos que suele haber en todos los equipos no le guste la conversación trimestral que él sabe que tendrás con él sobre cuál es la causa de la demora de sus informes, pero para él será más fácil tener que soportar una conversación ocasional contigo que enfocarse en cambiar su comportamiento, debido a que, sin un seguimiento de tu parte, tú le estás indicando que su falla *no es* tan importante. Esto mismo les ocurre con frecuencia a los entrenadores de equipos que están al salir de su oficina, pero es innegable que los líderes a distancia suelen ser peores en este aspecto.

A veces, Helen, nuestra gerente de servicio al cliente, colgaba el teléfono y luego recordaba que quería hablar con Alice sobre algo, pero dejaba pasar la oportunidad de hacerlo. O le entraba una llamada justo cuando estaba hablando con ella y, por lo tanto, decidía ser lo más breve posible, lo cual no es ideal en este tipo de conversaciones de las que estamos hablando. Al menos, cuando estás trabajando junto con tu equipo es más fácil encontrarte con alguno de tus colaboradores en el pasillo o pasar por sus escritorios y hablar uno a uno con ellos. En cambio, cuando no ves a tu gente a ninguna hora, no es sabio confiar en esos encuentros espontáneos; necesitas estar concentrado y ser intencional en todo el proceso del seguimiento que planeaste hacer.

Entra sin anunciarte

Nos encanta la frase "entra sin anunciarte", porque incluso los miembros más confiados y capacitados del equipo se sentirán bien (y por lo general, apreciarán que lo hagas) cuando, de un momento a otro, les preguntas cómo van las cosas, sobre todo, si los controles que sueles hacer son regulares y esperados. Notarás, en cambio, que a los miembros de tu equipo menos experimentados y que no se están desempeñando muy bien no les gusta que los "controlen". El hecho es que esta diferencia en los dos tipos de reacciones suele deberse a la percepción.

En primer lugar, asegúrate de que, "al chequear" a los miembros de tu equipo, tu intención sea apoyarlos y motivarlos, no mirarlos con superioridad por encima del hombro. La mejor manera de hacer esta parte de tu trabajo es planificando de antemano cómo podrías colaborarles, así como cuándo y cómo estarás disponible y, con suerte, llegar a un acuerdo sobre cómo y con qué frecuencia te comunicarás con el fin de establecer tanto las metas como las expectativas acerca de ellas. Al llegar a un acuerdo anticipado sobre la frecuencia de estos puntos de control, aumentas las posibilidades de que tu intención no sea malinterpretada.

Entrena incluso cuando sea incómodo hacerlo

El entrenamiento es parte del trabajo de un líder, pero a distancia, tiende a ser tentador tomar el camino más fácil. En ocasiones, tienes un miembro del equipo que está haciendo algo mal o cometiendo un error. Tal vez, no se trate de un gran problema, pero, aun así, debes confrontarlo. Sin embargo, por alguna razón, decides posponer la conversación con él y en secreto esperas a que mejore o, simplemente, no te gustan las confrontaciones, así que le envías un correo electrónico en lugar de propiciar una conversación entre los dos, frente a frente. Algunos líderes usan las distintas zonas horarias como una excusa para evitar abordar un problema de la manera más proactiva. Al ignorar, postergar o evitar la necesidad de volver a hacer un entrenamiento, estás dando tu aprobación tácita de un comportamiento errado y, como consecuencia, este continuará. ¿Por qué no deberías hacer eso? Porque el hecho de que no veas a tus colaboradores en el pasillo varias veces al día no significa que puedas tomar el camino más fácil y evitar brindarles el entrenamiento que ellos necesitan para lograr tener ese éxito que tú esperas de su parte.

Brindando retroalimentación

Hacer retroalimentación no es hacer entrenamiento, pero casi todo entrenamiento incluye retroalimentación. A continuación, encontrarás cinco preguntas frecuentes sobre el tema de la retroalimentación y las distintas formas de realizarla a distancia.

¿Cómo hacer para que la retroalimentación sea bien recibida?

Por más que intentemos dar retroalimentación de la mejor manera posible, en el mejor momento y con las mejores palabras, la forma en que nuestra retroalimentación es recibida comienza con la percepción de nuestro interlocutor. Es él o ella quien decide cómo tomar la opinión de un líder y su valor, basándose en tres factores:

- *Posición.* Si tú eres el jefe, ejerces cierto poder posicional y, por lo tanto, es probable que la gente escuche tus comentarios, pero no necesariamente los valore tanto como a ti te gustaría. Este es el factor que obtienes de manera automática, pero es el menos valioso de los tres. ¿Estás confiando únicamente en tu posición? Si es así, es probable que solo obtengas cumplimiento por parte de cada colaborador al cual le brindes tus opiniones.

- *Experiencia.* Las personas valoran los comentarios de quienes ellas consideran que sí saben de lo que están hablando. Si los miembros de tu equipo no reconocen tu nivel de experiencia y conocimiento con respecto a la retroalimentación que les estás dando, esta será menos valorada. Y como líder a larga distancia, te resultará más difícil establecer esa credibilidad. Haz que uno de tus objetivos primordiales sea que tu gente conozca tus antecedentes para así establecer la credibilidad que necesitas, sin ser arrogante o engreído. Recuerda que no necesariamente cuentas con experiencia en todos los campos de acción. Quizás, haya algunas ocasiones en que las retroalimentaciones serían más efectivas si provinieran de un miembro del equipo que tenga la experiencia que se requiere en casos específicos.

- *Relación.* Todos les hemos pedido a otras personas que nos den sus comentarios sobre una situación de la que ellas saben poco. ¿Por qué? Porque confiamos en ellas y en sus intenciones. Sabemos que serán honestas y que sus comentarios estarán destinados a ayudarnos, incluso si estos son difíciles de digerir. Como líder a larga distancia, necesitarás hacer más esfuerzo para construir relaciones sólidas con tus colaboradores, pero vale la pena que lo hagas.

¿Sobre qué damos retroalimentación?

Debemos dar retroalimentación sobre aspectos que importen, sobre las partes del trabajo que sean más significativas, que tengan el mayor impacto posible y que generen resultados más valiosos. Lo más probable es que te hayan dado retroalimentación sobre algo que parecía insignificante y mezquino. Lo más seguro es que no te sentiste muy bien con esos comentarios que recibiste o con la persona que te los dio —y esto es peor cuando ocurre en el contexto de una relación remota donde hay menos interacción en general—. Asegúrate de brindar retroalimentación sobre aspectos que sean significativos y no solo sobre aquello que puedas ver. Y si es significativo, asegúrate de que la gente vea por qué lo es.

¿Qué las hace útiles?

Las retroalimentaciones son útiles cuando son claras y específicas. La mejor manera de lograr esto es usando ejemplos, teniendo evidencias y dando tu retroalimentación basándote en comportamientos observables. Si presentas datos claros, estos reducen la duración y la fuerza de la actitud defensiva de las personas. Utiliza la tecnología para compartir pantallas de tal modo que los involucrados puedan ver dichos datos. En algunas situaciones, hacer que algunos comportamientos sean observables tiende a volverse más difícil si tú mismo no los has visto. Comentar: "Evita decirle al cliente que se equivocó" es más específico que: "Debes tener más cuidado con lo que envías en tus correos electrónicos". Asegúrate que tu comentario sea claro y específico, con ejemplos y no solo mencionando aquello que va mal. Aplica estos mismos criterios cuando quieras mostrar que a tus colabores les va bien, lo cual nos lleva a la siguiente pregunta.

¿Qué pasa con el equilibrio entre lo positivo y lo negativo de la retroalimentación?

Creemos, y la investigación nos respalda, que la mayoría de las personas no recibe suficientes comentarios positivos en su lugar de trabajo, ni de su jefe, ni de nadie más[1]. Esto es aún más cierto cuando ellas trabajan a distancia. Al dar retroalimentación por teléfono, la tendencia es que esta se vuelva muy transaccional. Así las cosas, es probable que la retroalimentación negativa o correctiva "necesaria" sea mayor que la que tenga que ver con los aportes positivos y alentadores realizados por parte del empleado.

Al dar retroalimentación por teléfono, la tendencia es que esta se vuelva muy transaccional.

La retroalimentación positiva es igualmente crucial y debemos recordar incluirla en nuestros comentarios, incluso si tenemos que escribirla para que nos acordemos de brindarla. No te limites a "arrojar" algunos comentarios positivos solo para sentir que estás dando una retroalimentación equilibrada.

Las personas necesitan saber (y crecen) cuándo saben tanto lo que están haciendo bien como aquello en lo que necesitan adaptarse. Dado que es probable que tus colaboradores estén haciendo un poco de ambas cosas, es tu trabajo asegurarte de resaltar y compartir con ellos una visión equilibrada de lo que está sucediendo.

¿Cómo brindar la retroalimentación?

Si vas a darle retroalimentación a alguien, debes estar preparado. Tómate el tiempo para ordenar tus pensamientos, preparar tus ejemplos y tener claro qué es eso específico que quieres compartir. Desafortunadamente, cuando estamos bien preparados, nuestra primera inclinación tiende a ser comenzar la conversación compartiendo lo que hemos preparado. Más bien, abre la conversación pidiéndole a tu interlocutor que te comparta su retroalimentación acerca de sí mismo. Haz preguntas como "¿Cómo crees que te va desde tu perspectiva?" o "¿Qué comentarios te harías a ti mismo?". Estas son buenas formas de entablar una conversación. Si tú, como jefe, hablas primero, ¿qué le queda por compartir a tu colaborador? Si la vas a hacer por teléfono, ten siempre presente que por este medio las pausas parecen más largas e incluso más incómodas, por lo que es posible que comiences a hablar demasiado pronto. Tú quieres conocer la opinión de la persona con la que estás conversando, así que ten paciencia y espérala.

¿Estás mirando hacia adelante?

La mayor parte de la retroalimentación se da sobre lo que ya ha sucedido —quizás por eso se le llama retroalimentación—. Es un hecho que la *retro*alimentación sobre el pasado es útil y proporciona contexto y datos, pero para que esta información sea útil, debe ser sobre lo que viene después. El entrenador de liderazgo Marshall Goldsmith llama a esto "feed*forward*", que vendría significando: comentario sobre qué hacer o *qué cambiar en el futuro*[2]. Nuevamente, cuando estamos entrenando y brindando retroalimentación a distancia, el riesgo es que quizá no nos tomamos el tiempo suficiente para completarla y conectar los puntos para que nuestro interlocutor vea cómo lo que ha pasado puede servirle como información para lo que sucederá la próxima vez y para confirmar su verdadera comprensión al respecto de lo sucedido.

¿Qué pasa con la gestión del nivel de desempeño?

La gestión del desempeño y las revisiones sobre este son importantes para todos los miembros de tu equipo, sea donde sea que ellos trabajen. Al igual que con otras facetas del liderazgo a distancia, debes ser más consciente e intencional y concentrarte en que tus colaboradores hagan las cosas bien.

Para aquellos que trabajan a distancia, observamos que es más difícil de implementar la intencionalidad que se requiere para pensar más y de manera diferente. Dado que sus interacciones con ellos son menos frecuentes, los líderes tienden a concentrarse en las tareas, incluida la de "completar el formulario de evaluación del desempeño". A estas alturas, ya tú conoces los problemas que surgen con este tipo de enfoque, así que tu labor es poner todo de tu parte para hacer una evaluación del nivel de desempeño de tus colaboradores lo más justa posible.

Delegando de la manera correcta

Durante mucho tiempo, los líderes han vivido confundidos frente al hecho de saber delegar. Creemos que el problema no es tanto sobre los pasos que se requieren para delegar, porque, una vez que hayas decidido hacerlo por las razones correctas, todo es cuestión de enseñar y entrenar. Entonces, si sabes delegar, hacerlo a distancia solo requiere de algunos ajustes.

Lo que todos decimos sobre delegar

Hay dos frases sobre delegar que casi todo el mundo sabe terminar al unísono en nuestros talleres. Ellas son:

- "Si quieres que algo se haga bien, debes _____".
- "Toma más tiempo delegar [o enseñar a alguien] que simplemente _____".

En caso de que no estés entendiendo cómo terminar estas dos frases, las respuestas en ambos casos son: "Hazlo tú mismo".

Estas dos declaraciones se utilizan a menudo como una excusa para no delegar y *hasta aquí* ambas son verdaderas. Si estás pensando en delegar algo que has realizado tú mismo muchas veces, sí, tú mismo lo *harías* mejor y más rápido que cualquier principiante. Pero delegar no se trata solo de cómo tus colaboradores lo hacen la primera vez; se trata de cómo lo *harán* a largo plazo; además, no se trata de ti, sino de ayudarles a ellos a lograr las metas de la organización —recuerda el modelo: el enfoque debe estar puesto tanto en los resultados *(outcomes)* como en los demás *(others)*—. Si deseas que la gente tenga éxito en la realización de una nueva tarea, considera el hecho de delegar como una inversión de tiempo tanto tuyo como de ellos.

Delegar requiere de paciencia, tiempo y esfuerzo. Es probable que también requiera de moderación de tu parte (de no intervenir, ni terminar haciendo aquello que hayas delegado) y lo más probable es que delegar termine siendo aún más difícil cuando lideras a distancia. Así que será mejor que de antemano establezcas un plan mediante el cual sepas cuándo realizar esas conversaciones de control (que serán diferentes, dependiendo de lo que delegues, pero esto del control es importante) y concéntrate en asegurar el éxito que obtendrá la otra persona y no en tener que deshacerte de tener que hacer la tarea tú mismo.

Existe una complicación adicional en cuanto a delegar en equipos híbridos o distantes. Hoy en día, una de las mayores fuentes de tensión en los equipos de trabajo es la percepción de que, cuando llega el momento de repartir las tareas que tú como líder asignarás, una persona o un grupo está recibiendo la parte más difícil de ejecutar. Por ejemplo, es común que los miembros que trabajan contigo en la misma locación digan: "Bueno, seguro nuestros compañeros distantes están haciendo más que nosotros, porque el jefe va a darnos todo el trabajo difícil que hay que hacer". Por tanto, asegúrate de que todos los miembros de tu equipo estén al tanto de lo que están haciendo unos y otros, cuándo se asigna una tarea y a quién. La percepción de justicia es tan importante como el hecho mismo de ser justo.

El enfoque

Muchos libros que hablan sobre liderazgo te dirán que, como líder, debes delegar. Tu tiempo es precioso y, si no delegas, tu trabajo se desbordará y no tendrás equilibrio entre ejercer tu función de líder y tu vida personal. Sin embargo, si bien estamos de acuerdo con esta afirmación, también creemos que hay un error en esa línea de pensamiento y consiste en que delegar es algo que debes hacer por ti mismo.

Ese es un enfoque equivocado.

Si crees que delegar consiste en que alguien haga algo por ti, lo más probable será que estarás delegando mal, con muy poca paciencia y, probablemente, "probarás" como ciertas las afirmaciones que acabamos de hacer. En otras palabras, como dice Kevin, no estarás delegando, sino que le estarás "arrojando" tu trabajo a otros y eso no es delegar.

Cuando te des cuenta de que delegar consiste en ayudarles a otras personas a tener éxito en una nueva tarea, a crecer en sus responsabilidades y a contribuirle al equipo, y que realizar eso que delegues llevará algún tiempo, pero vale la pena la inversión, entonces, habrás entendido en qué consiste saber delegar. También es probable que aquellos en quienes delegues acepten el trabajo y tengan éxito realizándolo. Entonces, habrás creado un equipo más flexible.

Y cuando hagas todo eso, también reducirás un poco tu carga, lo cual también es importante.

Dicho de otra manera, cuando tengas en cuenta el Modelo de las Tres Os, si te colocas en el último lugar, lo que delegues funcionará mejor y obtendrás todos los beneficios que deseabas.

Entrenamientos individuales a distancia

La esencia del entrenamiento está en hacerlo frente a frente. Este debe ser un momento planificado para sentarte y hablar con tus colaboradores sobre cómo van las cosas y cómo puedes ayudarles individualmente. En los buenos viejos tiempos, las llamábamos reuniones cara a cara, pero ahora las llamaremos pantalla a pantalla.

Mucha gente piensa en esta como una reunión de actualización o útil para verificar el estado de las cosas y estamos de acuerdo en que esas son razones importantes para "reunirse". También creemos que estas conversaciones planificadas pueden y deben incluir un componente de entrenamiento. Para que tu reunión pantalla a pantalla sea más efectiva, ten en cuenta los siguientes puntos.

Establecer un horario

Habla con cada miembro del equipo para decidir con qué frecuencia se "reunirán". Si crees que necesitas reunirte con más frecuencia de la que ellos desean, negocia esa frecuencia o comienza con su frecuencia preferida, pero haciendo el acuerdo previo de ajustarla en el futuro, según sea necesario. Actualmente, Kevin tiene once personas que le reportan. La frecuencia de las reuniones uno a uno no es la misma con todas ellas. Factores como la naturaleza del trabajo, el nivel de experiencia y confianza en cuanto al trabajo que cada una de ellas está realizando, el tipo de apoyo que él pueda brindarles y las preferencias personales de cada una influyen en la frecuencia de estas reuniones.

En nuestra experiencia, esta frecuencia podría ir de ser diaria (aunque puede haber menos entrenamiento en cada reunión) hasta una por mes. Por lo general, recomendamos programarlas entre semanal y mensualmente, según los factores que acabamos de describir. En igualdad de condiciones, recomendamos que se hagan con mayor frecuencia cuando los miembros del equipo están lejos. La reunión uno a uno es una forma importante de mantener conectados a nuestros colaboradores remotos, porque, de muchas maneras, ellos no lo están.

Usar tus herramientas

Dado que estamos teniendo estas reuniones pantalla a pantalla, pero no cara a cara, recomendamos que todas ellas sean lo más enriquecedoras posibles. En otras palabras, usa la cámara web, comparte pantalla e implementa otras herramientas que veas que serían adecuadas según sea el caso. A medida que viajamos, hemos sido testigos de demasiadas llamadas importantes realizadas en aeropuertos o en los vestíbulos de los hoteles (e incluso en baños públicos). Estas reuniones son importantes y no es aconsejable acomodarlas en un pequeño bloque que surgió en tu calendario o cuando una de las partes se dirija a una reunión con un cliente. Más bien, deben tener lugar cuando ambas partes puedan centrarse en el crucial tema de su éxito mutuo.

Generar copropiedad de la reunión

Estas reuniones te benefician tanto a ti como a los miembros de tu equipo. Tú deseas estar actualizado y tener la oportunidad de apoyarlos, motivarlos y corregirlos según sea necesario y ellos por su parte necesitan orientación, información y ánimo. La reunión no es tu reunión o la reunión de ellos, sino que debe ser propiedad de todos los involucrados en ella. Más que un encuentro intelectual con cosas agradables que decir, ambas partes deben tomarse estas reuniones en serio y programarlas previamente en sus calendarios, venir preparadas y responsabilizarse mutuamente de que así sea. En Intel, por ejemplo, los empleados establecen una agenda a seguir durante estas reuniones[3].

Dejarlos que hablen primero

El desequilibrio de poder inherente que hay en tu participación en una conversación, dado que tú eres el jefe, significa que tú debes garantizar que ambas partes mantengan la propiedad compartida de la reunión. Recuerda lo que dijimos antes sobre dejar que la otra persona inicie la conversación. Kevin ha estropeado muchas veces este punto en reuniones pasadas; ahora, se ha entrenado a sí mismo (cree él) para parar y darle la palabra a su interlocutor si es que es él quien ha comenzado la conversación. Ambas partes ganan cuando dejas que sea tu interlocutor quien intervenga primero. Sin embargo, es fácil olvidar este punto cuando estás más preocupado por el tiempo o por hacer tus cosas que por el motivo de la reunión.

Programar reuniones frente a frente

Cuando tu situación laboral lo permita, tómate un tiempo para generar conversaciones frente a frente. Procura construir relaciones, incluso si eso significa quedarte un día más en la ciudad donde te encuentres o tomar un vuelo más tarde (o hacer que ellos hagan lo mismo) para construir una buena conexión, usando ese tiempo para hacer frente a frente esa reunión que es normalmente a distancia. Siempre que puedas, aprovecha para hacer este tipo de reuniones presenciales persona a persona.

Entrenar siempre

En la famosa escena de la película *Glengarry Glen Ross*, Alec Baldwin le implora a su equipo de ventas que "siempre esté cerrando". Nos gusta su fórmula y nos centramos en ella (pero no en sus tácticas de entrenamiento, si has visto la película). Si haces que tu mantra sea "estar siempre entrenando", no solo pantalla a pantalla, sino en todas las situaciones posibles, serás un líder más eficaz y reducirás algunas de las barreras inherentes que suelen surgir cuando lideras equipos distantes.

Entrenamientos informales a distancia

Sin embargo, entrenar es más que hacer una reunión planificada pantalla a pantalla. Si bien es menos fortuito en un entorno de trabajo remoto, los mejores líderes/entrenadores siempre están atentos a las oportunidades que se presenten para conectarse con algún miembro del equipo, hacerle preguntas y brindarle ánimo o corrección. Con frecuencia, Kevin usa el tiempo al final de una llamada de equipo para involucrar a uno o dos de sus miembros en conversaciones rápidas, una tras otra, como lo haría después de una reunión presencial en una sala de conferencias.

Al reconocer esa oportunidad y hacerla de naturaleza más casual, estás aprovechando estas oportunidades que, de otro modo, se habrían perdido. Kevin hace esto de manera intencional y tú también puedes hacerlo, pero debes planificar e incorporar ese tiempo extra en tu calendario.

Debido a que estos momentos informales son tan importantes para el desempeño y para generar retroalimentación continua, necesitas encontrar formas de entrenar mejor de manera informal y en situaciones espontáneas. Dicho de otra manera, tienes que encontrar tiempo para entrenar aun cuando no tengas tiempo para hacerlo.

El momento del entrenamiento informal

El momento de entrenamiento informal no está programado, ni planificado de antemano, ni puesto en el calendario de nadie. Es lo que Thomas Peters y Robert Waterman llamaron en su libro más vendido *En busca de la excelencia*, "gestión sobre la marcha"[4]. Cuando vas caminando con alguien, cuando asomas la cabeza en la oficina de alguien, tienes la oportunidad de aprovechar el momento y hacer entrenamiento informal. Siendo específicos, el momento de entrenamiento informal tiene que ver con lo que esté sucediendo, con lo que está por suceder y en cómo puedes colaborar en ese preciso instante.

En el caso de los miembros de tu equipo remoto, sería un largo camino dirigirte hasta donde cada uno de ellos está, pero el punto aquí es el mismo: debes generar formas de interactuar con ellos, aunque no los veas todo el tiempo. Utiliza las llamadas telefónicas, los mensajes de texto por la mañana o en cualquier momento de la jornada o cualquier otra forma de hacerles saber a tus colaboradores que tú estás cerca de ellos, disponible y accesible. Esto funciona en ambas direcciones.

Wayne le envía a Kevin un mensaje breve casi todas las mañanas con un saludo y una apertura para generar una conversación informal. Hacer eso es lo mismo (independientemente de quién lo haga) que saludar en la sala de descanso o asomar la cabeza por la puerta de la oficina de alguien cuando vas camino a tu escritorio. La mayoría de los días no hay nada que informar, pero de vez en cuando, una interacción proporciona un momento de conversación uno a uno rápida o una oportunidad para que cualquiera de las personas que intervienen en la interacción haga o responda una pregunta.

Preparándote para el momento

Si bien puedes (y debes) ser intencional en cuanto a generar momentos para hacer contacto y brindar ánimo y orientación, estos no deben sentirse como algo forzado e incómodo. Si tienes preguntas sobre el negocio, los resultados o el progreso del proyecto o cualquier otra razón para hacer un acercamiento, por supuesto, haz una lista, bien sea mental o de otro tipo. Es bueno que estés preparado, pero prepárate para participar y conectar realmente, no para incomodar, ni para profundizar demasiado en puntos específicos en el momento en que establezcas contacto con alguno de los miembros de tu equipo.

Creando el momento

Si tienes miembros del equipo en tu lugar de trabajo, salúdalos; pregúntales cómo estuvo su día de descanso, su fin de semana o cómo está su familia; luego, utiliza preguntas abiertas para cambiar el rumbo de la construcción de la relación a un momento de contacto y entrenamiento empresarial. Cuando trabajes de forma remota, utiliza la llamada, el mensaje de texto o el mensaje instantáneo como una forma de abrir la puerta para comenzar una interacción. Recuerda que gran parte del éxito de las reuniones de entrenamientos informales es el compromiso con la otra persona. Empieza por hacer que tu interlocutor hable sobre lo que le está sucediendo, cómo lo está haciendo y cómo puedes ayudarle (los componentes de un momento de entrenamiento informal).

Estas son algunas preguntas simples para comenzar un momento de entrenamiento informal o continuar con él:

- "¿Qué hay de nuevo?"
- "¿Cómo te va?"
- "¿Qué está funcionando?"
- "¿En qué estás atrapado?"
- "¿Cómo te puedo ayudar?"

Estas preguntas son breves (¡solo 18 palabras en cinco preguntas!) y tienen un tono lo suficientemente abierto como para permitir que la otra persona dirija la conversación hacia donde ella la necesita. Una vez que la conversación se está moviendo, puedes redirigirla con una pregunta más específica, pero eso dependerá de cómo se esté desarrollando la conversación.

Observa que uno de nuestros ejemplos de preguntas no fue: "¿Tienes un minuto?". Hay pocas cosas que sean más aterradoras para alguien que trabaja desde casa que un mensaje instantáneo o de texto de parte del jefe que lo único que dice es: "¿Tienes un minuto?". El objetivo no es sorprender a las personas con la guardia abajo o que se sientan presionadas o que las tomes desprevenidas. Desde el mismo instante en que tienes a esa persona al teléfono y le haces esa pregunta, ella ya se está imaginando cada escenario horrible posible. Incluso si solo deseas transmitirle buenas noticias, es posible que hayas generado en ella un estrés no intencional. Wayne pregunta a menudo: "¿Tienes un momento? Nada importante, solo una pregunta". Esa aclaración ayuda a establecer un tono de conversación más positivo y reduce la presión arterial de todos.

Asegúrate de que se trate de momentos cortos

En su mayor parte, los momentos de entrenamiento informal deberían ser solo eso: momentos, no minutos, ni media hora. Si la conversación se desarrolla y ves que se necesita o se quiere más tiempo, por supuesto, ambas partes sabrán que deben hacer avanzar la conversación de manera apropiada.

En nuestro ejemplo de Helen, ella ha transformado sus relaciones y el desempeño y los resultados de los miembros de su equipo. Nada de esto remplaza o borra la necesidad de un desempeño planificado más formal, ni las reuniones de entrenamiento pantalla a pantalla que hemos mencionado, pero tus reuniones serán más productivas y quizás menos frecuentes cuando aproveches los momentos informales para hacer entrenamientos cortos.

Detente y piensa

> ¿Qué tan exitoso eres entrenando a los miembros de tu equipo a distancia?

> ¿Responden ellos de acuerdo a tus expectativas?

> ¿Están los miembros de tu equipo que se encuentran distantes recibiendo los mismos entrenamientos de calidad y con la misma frecuencia que los que les haces a quienes trabajan contigo en el mismo lugar?

> ¿Qué tan transparente eres con la totalidad de los miembros de tu equipo cuando delegas ciertas tareas?

> ¿Qué tan intencional eres cuando se trata de encontrar momentos para conectarte con tus colaboradores a distancia y hacerles entrenamientos?

Resumen de la Sección Tres

¿Y qué?

- ¿Qué tanto es el éxito con que estás estableciendo metas (en todos los niveles) con tu equipo?
- ¿La respuesta de tu equipo a la pregunta anterior sería la misma que la tuya? (Si no es así, es posible que quieras analizar un poco más tu respuesta).
- ¿Qué ideas en las áreas de entrenamiento y retroalimentación podrías implementar para mejorar los resultados tanto para ti como para tu equipo?
- ¿Te estás "reuniendo" con los miembros de tu equipo remoto con la suficiente frecuencia y con la preparación e intención adecuadas?

¿Ahora qué?

- Además de dedicarles tiempo a las preguntas anteriores, las siguientes son algunas acciones a tomar, basadas en las ideas de esta sección.
- Revisa tus metas y planes de implementación, personalmente, con cada miembro del equipo y como equipo.
- Genera una conversación que te permita evaluar si tu gente siente que va por buen camino. Si no es así, vuelve a centrarte en las metas que elegiste y en los planes que realizaste. Consulta tu calendario. Si no tienes ningún entrenamiento esta semana, agenda una reunión ahora mismo. Encuentra tres cosas positivas y significativas para compartir con los miembros de tu equipo antes del final del día, luego compárteselas.

Sección 4

Involucrando a otros

"El liderazgo es el arte de conseguir que otra persona haga algo que tú quieres que ella haga, pero porque ella quiera hacerlo".

—Dwight D. Eisenhower

Introducción

Tal y como comentamos en la sección anterior, comprender y comunicar las metas de la organización es una parte fundamental en el ejercicio del liderazgo. Es uno de los círculos que hace parte de nuestro Modelo de las Tres Os. Ya sea que desees ser la mejor compañía en tu nicho o la tropa de Boy Scouts más premiada de la ciudad, todo comienza con comprender (y asegurarte de que todos los demás involucrados también comprendan) lo que se debe hacer y por qué.

Para lograr esos resultados, necesitas involucrar a los miembros de tu equipo, incluyendo sus corazones y sus mentes. Es un hecho que trabajar de forma remota e involucrar a otros desde la distancia se vuelve realmente complicado y radicalmente diferente con relación a las formas en que habíamos trabajado hasta hoy.

En los "viejos tiempos", la gente solía trabajar duro, porque el jefe siempre estaba observando. Se aparecía en cualquier momento y había veces en que encontraba a su equipo haciendo algo que no debería estar haciendo… o no haciendo lo que sí debía hacer. Hoy en día, *liderar a distancia requiere de tu parte que sepas ejercer tu capacidad de influencia más que tu poder de mando*. Existen niveles de responsabilidad, confianza y comunicación proactiva que, si bien son deseables en un lugar de trabajo tradicional, son absolutamente cruciales cuando no estás en una proximidad física cercana con tus colaboradores.

La forma en que involucremos a otros en un mundo conectado digitalmente, pero físicamente aislado, determinará en gran medida si logramos o no nuestras metas y qué tan estresante será el camino a alcanzarlas.

9

La "sugerencia de oro" en cuanto a trabajar con otros

Regla 9 Comunícate de maneras que mejor les funcionen a los demás y no basándote en tus preferencias personales.

> *"La lección más grande que quizás aprenderás a lo largo de tu vida es esta: no se trata de ti".*
>
> —Shannon L. Alder, autor

Dos miembros del equipo de proyecto de nuestra amiga Alice son igualmente buenos en su trabajo. Ambos cumplen la misma función y ella tiene una opinión muy alta acerca de ambos. Sin embargo, en el momento de recibir sus comentarios, uno de ellos le manifestó que ella estaba "microadministrando", mientras que el otro sintió que ella bien podría darles una retroalimentación *más* frecuente. ¿Cómo podían ser ciertas ambas cosas si ella comparte con los dos exactamente el mismo tiempo?

Alice se sintió confundida. Después de todo, estaba siguiendo la Regla de Oro, solía hacer su trabajo y era muy buena en ello. También era una teletrabajadora experimentada, brillante y excelente para concentrarse y controlar toda clase de distracciones hasta terminar su trabajo. Y, además, siempre quiso que su jefe le diera pautas, se comunicara con ella con poca frecuencia, propusiera interacciones breves y estuviera presente cuando ella tuviera una pregunta o necesitara ayuda, pero por lo demás, le encantaba que él se mantuviera fuera de su camino. En su opinión, así es como siempre quiso que la lideraran y, por tanto, esa era la forma en que ella trabaja con su equipo.

Uno de los adagios más citados de todos los tiempos se conoce como la Regla de Oro: "Sé con los demás como te gustaría que fueran contigo". Este es un consejo excelente y alguna de sus variantes se encuentra en casi todas las principales religiones y escuelas de filosofía. Sin embargo, cuando se trata de liderar y comunicarse a distancia, no funciona tan bien como nos gustaría. No estamos hablando de la noción de que no debes hacerle o pedirle algo a alguien que no estarías dispuesto a hacer tú mismo por otra persona. Más bien, estamos dudando de la noción de que otras personas trabajan de la misma manera que nosotros y, por consiguiente, quieran ser lideradas y dirigidas de la misma manera en que a nosotros nos gusta trabajar.

El problema es que no todo el mundo tiene la experiencia de Alice. Algunas personas necesitan una interacción breve y constante para sentirse conectadas con el trabajo y también para aclarar sus dudas. Otras quieren recibir instrucciones y que las dejen solas para ejecutarlas y prefieren entrar en contacto solo cuando necesitan ayuda.

Eso es lo que le estaba pasando a Alice, que uno de sus empleados, el más nuevo en el equipo y no acostumbrado al teletrabajo, quería alguna forma de contacto casi a diario. A veces, él tenía preguntas específicas por hacer; otras veces, solo quería saber que no estaba solo en el universo. Llevaba muy poco tiempo y, a menudo, requería un simple mensaje instantáneo que le preguntara: "¿Cómo vas? ¿En qué te ayudo?".

El otro empleado era un experto en su campo y además un poco introvertido. Él prefería discusiones más largas, altamente estructuradas, pero menos frecuentes; mejor, por teléfono o (a regañadientes) por cámara web. A menudo, Alice necesitaba ser ella quien iniciara las conversaciones con él —las cuales él tomaba como interrupciones.

Los registros breves y frecuentes con una persona pueden parecerle una microgestión intrusiva a otra. Tu confianza en la capacidad de alguien, así como tu deseo de mantenerte fuera de su camino podría verse como una falta de comunicación o incluso de interés.

Cuando todos trabajamos en la misma ubicación, es mucho más fácil captar las señales que nos indican cómo trabajar con otras personas. Identificas quiénes son madrugadores y quiénes no. Sabes quiénes son extrovertidos y conversadores y quiénes se sientan en su escritorio a hacer su trabajo con los auriculares puestos. Y cuando te acercas a sus escritorios, puedes verlos dándote la bienvenida o la agonía de otra interrupción escrita en su rostro.

Cuando trabajas y lideras a distancia, faltan algunas de estas señales, por lo que es posible que tiendas a trabajar desde tus suposiciones, preferencias personales y desde tu limitado historial con cada uno de tus colaboradores distantes. De manera similar a lo que afirma la Regla de Oro, tú lideras y administras a otros de la forma en que deseas que otros te lideren y administren. Y, dado que todos los seres humanos somos diferentes, esa estrategia, por definición, limitará tu éxito.

Es por eso que te sugerimos transformar la Regla de Oro en la Sugerencia de Oro: tiene sentido guiar a otros en las formas que mejor les funcionen a *ellos*. Es una sugerencia, porque nunca estarás 100% seguro de qué les funciona mejor a ellos y qué no.

Poniendo en práctica la "sugerencia"

Existen un par de formas de recopilar la información que necesitas para tomar esa decisión con más confianza:

Haciendo un análisis de los perfiles y de los estilos de trabajo

Es bastante probable que seas muy ágil "captando las señales" que recibes de las personas con las que trabajas o no estarías desempeñando un cargo de liderazgo (ni leyendo este libro). Aun así, hay muchas herramientas diseñadas para ayudarte a identificar tu propio estilo de trabajo y de comunicación preferido y para descubrir (o al menos, tener una idea) de los estilos de los demás. Evaluaciones como DISC, Myers-Briggs, Insights o Strengths-Finder pueden ayudarles tanto a ti como a tu equipo a identificar las áreas en las que están de acuerdo, así como aquellas en las que encuentran diferencias y afrontan desafíos.

La mayoría de estas herramientas se puede administrar en línea. Otras funcionan en persona. El hecho es que, sea como sea que se realice la evaluación y cuándo sea que se realice, asegúrate de que haya capacitaciones y recursos disponibles después de la evaluación con el fin de ayudar a aplicar a los comportamientos de la vida real lo que sea que tu equipo y tú aprendan. No omitas este paso.

Ten en cuenta que estos no son estudios sicológicos completos, pero pueden ser muy útiles para ayudarnos a entender por qué un compañero de equipo necesita todos los detalles antes de tomar una decisión, mientras que otro dependerá más de su intuición.

Y aunque nosotros usamos DISC con mayor frecuencia, con tal que te funcionen tus métodos y recursos, no es importante que nosotros sepamos cuáles usas para comprender mejor las diferencias que afrontas en cuanto a los estilos de comunicación y los comportamientos de tu grupo. Recuerda que obtener la foto es mucho más importante que la cámara que utilizas para tomarla.

Observa cuáles son las preferencias de tu equipo

Probablemente, tengas miembros del equipo que prefieran un método de comunicación más que otro. Algunos preferirán enviar mensajes de texto o correos electrónicos, mientras que otros quizás usan más el teléfono. Si la herramienta no importa para que el mensaje tenga éxito, que cada uno elija la que prefiera —esta de una manera sutil de generar confianza en la relación sin afectar negativamente la comunicación—. Sin embargo, si la elección de la herramienta es importante para obtener determinado resultado comercial (por ejemplo, no deseas que alguien le envíe mensajes de texto a un cliente que está molesto), como líder, debes establecer una expectativa y no inclinarte ante las preferencias de tu gente.

Pregúntales cómo quieren trabajar contigo

Esto suena obvio, pero ¿las normas del equipo que has establecido se construyeron a través de una conversación real? ¿O simplemente les dijiste cómo y con qué frecuencia te comunicarías con ellos? Volviendo a la historia de Alice, es posible que una persona necesite/desee recibir controles breves y frecuentes, mientras que otra no quiera que la interrumpan sin necesidad. Para esa segunda persona, tu idea de "mantenerte en contacto" le suena a ella a que serás "una molestia constante" en su trabajo.

Recuerda que igual no significa lo mismo. Si bien deseas que el equipo establezca normas para ciertas cosas, como la frecuencia con la que te reunirás en persona con ellos, la frecuencia con la que realizarás conferencias telefónicas o reuniones virtuales, etc., es posible que debas ajustar la frecuencia, la duración y el modo de comunicación con cada uno de ellos individualmente.

Pregunta, pero puede que no obtengas una buena respuesta

Con solo preguntar, no siempre obtienes lo que necesitas, pero no hace daño que preguntes. Recuerda que siempre existe un desequilibrio de poder entre tú como líder/gerente y los miembros de tu equipo, por lo que es importante formular tus preguntas con cuidado. Cuando le preguntas a tu equipo: "¿Será suficiente que nos reunamos una vez a la semana?", ellos bien podrían leer eso como que el jefe está diciéndoles lo que deben responder en lugar de verlo como una verdadera solicitud de información.

Asegúrate de que, cuando solicites esta clase de información, la expreses mediante una pregunta neutral que no tiene nada que ver con tus preferencias. Por ejemplo:

- "¿Cómo puedo ayudarles a tener éxito? Quiero apoyarlos y colaborar de tal modo que ustedes logren mantener el rumbo indicado".
- "¿Con qué frecuencia les gustaría que nos reuniéramos uno a uno?".

Es posible que no sepas qué es lo que motiva a tu interlocutor, e incluso si le preguntas, su respuesta será filtrada, debido a tu posición y a su nivel de intimidación frente a ti como su jefe. Una vez más, la Regla de Oro te pedirá que hagas lo que te funcione; en cambio, la Sugerencia de Oro requerirá de más análisis y perspectivas de tu parte, sobre todo, cuando lideras a distancia.

Nuestro propio ejemplo

Aunque somos coautores de este libro, Wayne trabaja técnicamente para mí —Kevin—. Wayne estaría feliz de no asistir a otra reunión de equipo y sería perfecto que lo dejaran solo para hacer su trabajo. Lo que él necesita es un estilo de comunicación breve y frecuente. Yo trabajo duro para programar y equilibrar la comunicación del equipo. La cuestión es que Wayne necesita solo *un poco* de comunicación frecuente para mantenerse lúcido.

Entonces, cada mañana hay un breve intercambio de mensajes instantáneos entre nosotros dos. Por lo general, consiste en: "Buenos días, ¿algo que yo necesite saber?". Nueve de cada diez veces, la respuesta es: "No, todo bajo control". Si bien yo puedo no "necesitar" ese intercambio, sé que Wayne sí, pues es así como él se siente conectado. Este es un estilo de intercambio que no requiere de mucho tiempo y, a veces, se convierte en una conversación oportuna o hace que surja la necesidad de programar una hora de reunión que, de lo contrario, no se programaría.

¿Tengo yo estos mismos intercambios matutinos con todos los miembros del equipo? Para nada. Satisfacer las necesidades de relación y comunicación de cada miembro del equipo es importante y no todas se cumplirán de la misma manera.

Si liderar consiste en que hay personas que eligen seguir a un líder, esas personas deberán sentirse respetadas. Aplicar la Sugerencia de Oro te ayudará a involucrar a los demás de la manera más positiva, constructiva y eficaz posible. Si bien esta contribuirá en todas las interacciones, incluso con los miembros de tu equipo al final del pasillo, es más difícil juzgar con exactitud los estilos de trabajo, las preferencias y las necesidades de los miembros de tu equipo remoto.

Satisfacer las necesidades de relación y comunicación de cada miembro del equipo es importante y no todas se cumplirán de la misma manera.

Detente y piensa

- ¿Con quién tienes más problemas de comunicación?
- Basado en lo que acabas de leer, ¿de qué modo esa persona trabaja diferente a ti?
- ¿Qué conductas o reacciones de su parte te confirman esa diferencia entre ustedes dos?
- ¿Qué podrías ajustar en cuanto a tu forma de trabajar con esa persona para ser un mejor líder?

10

Entendiendo la diplomacia sin "jugar a la política"

Regla 10 Liderar con éxito requiere comprender lo que piensan las personas, no solo lo que ellas hagan.

"La política es el arte de buscar problemas, encontrarlos en todas partes, diagnosticarlos incorrectamente y aplicar los remedios incorrectos".

—Groucho Marx

Una de las razones por las que Denise no quería convertirse en líder era por no tener que ejercer la "diplomacia". Ella quería ganarse la vida basándose en sus méritos, sin tener que engañar a la gente a lo largo del camino. Ese había sido su punto de vista durante toda su vida —hasta que un mentor la ayudó a poner el uso de la diplomacia en la perspectiva correcta—. Ahora, ella comprende que existe una diferencia entre jugar juegos políticos y reconocer las relaciones e interacciones que pueden ayudar a hacer las cosas bien. Con la ayuda de ese mentor, ella cambió su perspectiva y fue ascendida. Hoy, ella está tratando de manejar ese aspecto a medida que lidera un equipo repartido por todo el país.

Muchos de nosotros palidecemos ante la palabra "política" —esa palabra es incluso la razón por la que algunas personas no quieren convertirse en líderes—. La política evoca visiones de complots maquiavélicos o de personas que intentan consolidar su poder y hacer avanzar su propia agenda a expensas de la organización.

Puede que te guste pensar que tú estás por encima de todo eso, que "tú no juegas a la política", pero nadie puede funcionar con éxito en grupos sin comprender las interacciones, los roles y el poder que existe entre las personas. La misma palabra "política", aunque generalmente se aplica al gobierno de una entidad gubernamental, es, simplemente, la dinámica de tratar de tomar decisiones y llevar a una organización hacia una meta.

Como líder, has estado al tanto de las dinámicas de la política a lo largo de tu carrera. Has descubierto quiénes son los que toman las decisiones, quiénes hablan y no toman ninguna acción y a quiénes dirigirte cuando necesitas hacer algo.

Aunque esperamos que tú no estés manipulando cínicamente a las personas, no habrías sido ascendido, ni te encontrarías en una posición de liderazgo sin comprender cómo funcionan o no las cosas.

Como ya hemos comentado, la función del liderazgo no ha cambiado en el panorama general, pero estar separados de aquellos con quienes trabajamos o de quienes lideramos suele presentar desafíos políticos. En particular, los líderes necesitan ver y ser vistos. Por "ver", nos referimos a recopilar la información necesaria para comprender lo que está sucediendo dentro de la organización. Esto significa captar señales de conversación, observar comportamientos e identificar rumores que puedan socavar el trabajo.

Quizá, lo más importante es que debes comprender a un nivel profundo cómo fluye la información y de qué modo se forman las relaciones. Cuando decimos "ser vistos", nos referimos a cómo otros obtienen información sobre nosotros como líderes. Esto puede incluir señales visuales y también nuestro estilo de comunicación escrita, así como lo que otros dicen sobre nosotros y de qué maneras somos un modelo a seguir al interior de nuestra organización.

Cuando todos tus colaboradores trabajan en el mismo lugar, tú obtienes todo tipo de información a nivel visual y sin necesidad de ningún otro esfuerzo o trabajo extra. Te das cuenta de inmediato cuando ellos fruncen el ceño y murmuran o sonríen o ríen o disfrutan de la compañía de los demás. Nadie necesita preguntar qué está haciendo el jefe, pues ellos mismos ven cuándo llegas al trabajo y cuándo te vas. También saben si es fácil hablar contigo y no te molestas cuando te hacen preguntas, ya que surgen muchas oportunidades para que ellos experimenten todo esto por sí mismos, o al menos, sean testigos de todos tus comportamientos positivos y terminen formándose una impresión positiva de tu liderazgo.

Por otro lado, si estás fuera de su vista durante largo tiempo, tu equipo se preguntará qué te está pasando. Cuando hay una falta de información, las suposiciones pueden convertirse en chismes y rumores y cobrar vida propia. Tus acciones, explicadas en un correo electrónico breve, pueden malinterpretarse y, debido a que no hablas con el destinatario durante días o semanas, no hay posibilidad de reconocer que hay un problema con tu mensaje hasta que este comienza a actuar de maneras que tú no esperabas.

Recuerda que el chisme, como un hongo, crece en la oscuridad. Es tu trabajo ser transparente y accesible. De eso modo, no permitirás que los chismes se difundan, ni se agraven. Estos desafíos pueden ser aún mayores si lideras un proyecto u otro equipo ad hoc donde todos los jugadores remotos ni siquiera se reportan contigo. Y, por supuesto, en el caso de las empresas que trabajan atravesando fronteras, hay cuestiones de control local y cultura en las cuales hay que pensar. Por lo tanto, cuando lideras a distancia, debes ser muy decidido sobre cómo ves a los demás y de cómo ellos te ven. ¿Cómo te va en ese sentido?

"Viendo" más claramente en un mundo virtual

Ya sea en el mismo recinto o en diferentes continentes, debes analizar cómo va el proceso del trabajo que estás realizando junto con tu equipo. ¿Están trabajando bien tus colaboradores, estando juntos? ¿Tu equipo acepta la visión hacia la cual los estás dirigiendo? ¿El trabajo avanza a buen ritmo? ¿O los resultados se retrasan o se estancan, debido a diferencias de comunicación o con respecto a las prioridades?

Estas son buenas preguntas. ¿Tienes tú las respuestas?

Estamos hablando de recopilar e interpretar información para que tengas una imagen precisa de cómo interactúan los miembros de tu equipo y cómo eso está afectando el cumplimiento de las metas de la organización. En un mundo remoto, esto sucede de muchas formas.

En primer lugar, necesitas saber cómo recopilar información. Si toda tu información proviene de las mismas tres fuentes, o si estás tratando de comprender cómo las personas de tu organización trabajan juntas estrictamente a partir de los correos electrónicos que ellas se envían, estás consiguiendo datos limitados en los cuales basas tus decisiones. Evalúa la posibilidad de recopilar información de manera más amplia y de diversas formas; luego, procesa esos datos para obtener una imagen clara y precisa de lo que sucede a tu alrededor. Pregúntales a más personas, escanea más fuentes y permanece más alerta en las conferencias telefónicas y en las reuniones virtuales para así obtener una imagen más clara de la realidad.

Cuando se trabaja de forma remota, la palabra escrita adquiere una importancia mucho mayor. Los mensajes de texto, los informes, los correos electrónicos y los mensajes instantáneos son la forma más frecuente en que obtendrás información acerca de quiénes son aquellos miembros de tu equipo que parecieran permanecer dormidos, mientras tú estás trabajando. Lee más de lo que los documentos dicen y no olvides tener en cuenta el tono, el tenor y la frecuencia implícitos en ellos. Pregúntate si la información te llega de manera proactiva o tienes que rastrearla constantemente.

Vamos a ser específicos sobre las herramientas y técnicas para lograr esto, pero, por ahora, estemos de acuerdo en que necesitas tener una muy buena idea de qué es lo que sucede a tu alrededor.

Sé visto

Recopilas información y desarrollas tu visión del mundo a partir de lo que veas a tu alrededor, pero eso mismo es lo que hacen aquellos con quienes trabajas. Cómo te ve la gente es importante. Y ya sea que te des cuenta o no de ello, como jefe, tus colaboradores te están prestando mucha atención. Están buscando pistas para responder preguntas como:

- ¿Te preocupas por ellos?
- ¿Te preocupa el trabajo?
- ¿Qué trabajo es el más importante para ti?
- ¿Se puede confiar en ti?
- ¿Quiénes son tus empleados favoritos?
- ¿Le das un trato preferencial a cierto grupo (o a personas que trabajan contigo)?
- ¿Haces las cosas que les pides a los demás que hagan?

Todas las personas con las que interactúas buscan a través de sus propias experiencias y resultados para decidir cómo ellas deben interactuar contigo. Como líder, sé más consciente de las impresiones que causas. Si tu grupo de trabajo te conoce más que todo como una firma en un correo electrónico y no como una persona real, estás restringiendo la capacidad que ellos tengan para formarse una impresión positiva y precisa sobre ti, sobre lo que estás tratando de lograr y por qué. En ausencia de evidencia sólida, la gente tiende a llenar los espacios en blanco y, a menudo, no de manera positiva. Si el líder no es visible para sus colaboradores, estará dejando mucho espacio para los rumores, los chismes y la mala interpretación de sus mensajes.

Como líder, ¿te ve tu gente con la suficiente frecuencia? ¿De qué modo eres visible para ellos? ¿Qué o a quién están viendo ellos (y cómo lo sabes)?

Comprendiendo la política de tu organización

No puedes estar en todas partes a la vez. Sin lugar a dudas, mientras más grande sea tu equipo de trabajo y más responsabilidades tengas, mayor será la cantidad de interacciones de las cuales tendrás que hacer parte activa. Es así como notarás que tanta comunicación de una y otra índole puede llegar a ser bastante abrumadora —y todo esto, antes de que tus colaboradores se extiendan de aquí a quién sabe dónde—. Sin embargo, aun así, debes saber cómo funciona tu organización y de dónde proviene tu información.

Ya sea que presidas una corporación multinacional o el comité de una asociación de padres de familia, ten en cuenta que un líder siempre necesita comprender todos los roles que tengan que ver con hacer que todo funcione, así como identificar a los miembros del equipo más idóneos para alcanzar las metas por cumplir.

> Ya sea que presidas una corporación multinacional o el comité de una asociación de padres de familia, ten en cuenta que un líder siempre necesita comprender todos los roles que tengan que ver con hacer que todo funcione, así como identificar a los miembros del equipo más idóneos para alcanzar las metas por cumplir.

Como líder, no se espera de ti que te obsesiones con cada desacuerdo con tu equipo, ni que te vuelvas paranoico con respecto a que alguien esté interesado en ocupar tu cargo. Lo que sí se espera de ti es que estés al tanto de relaciones y dinámicas que pueden no solo apoyar, sino también obstaculizar tus esfuerzos y el éxito que se espera del grupo. Ten en cuenta que siempre hay factores en constante cambio y, por esta razón, debes estar evaluando con atención cómo están funcionado las cosas entre los miembros de tu equipo.

A continuación, encontrarás un ejercicio que te ayudará a evaluar el estado de las relaciones y la comunicación en tu organización y que además te ayudará a identificar posibles puntos ciegos. Valdrá la pena que lo implementes con tu equipo y que lo evalúen entre todos.

- *Dibuja de memoria el organigrama de tu organización y luego compáralo con la versión "oficial".* ¿Te acordaste de todos los grupos? ¿Se te olvidó alguno? ¿Sabes que hay ciertos cargos al interior de la organización, pero no sabes los nombres de quienes los desempeñan?

- *Compara la versión oficial de organigrama empresarial con lo que realmente está sucediendo en la organización.* ¿Identificas con certeza a aquellos líderes que en realidad se encargan de la toma de decisiones y que influyen en el grupo? Sabemos por experiencia que los títulos de los cargos en el trabajo no confieren experiencia de manera automática, ni confianza entre los líderes y los equipos a los que ellos lideran. ¿Sabes cuál de tus colaboradores tiene influencia entre sus compañeros y qué tan bien están trabajando todos juntos?

Detente y piensa

- En qué áreas son fuertes y positivas tus relaciones?
- ¿En dónde necesitas mejorar tus relaciones?
- ¿Experimentas dificultades para relacionarte con ciertos miembros de tu equipo o te ocurre lo mismo con todo el equipo en general?
- ¿Qué tanto confías en la información que estás recibiendo?
- ¿Qué crees que esté causando las dificultades que estás experimentando en tus relaciones interpersonales?
- ¿De qué maneras el hecho de liderar un equipo a distancia afecta tus relaciones interpersonales y qué podrías hacer al respecto?

11

Generando confianza a distancia

> **Regla 11** Generar confianza a distancia no es un resultado que ocurre por accidente.

"Pocas cosas le ayudar más a un individuo que responsabilizarlo y hacerle saber que confías en él".

—Booker T. Washington

Liz siempre se ha enorgullecido de ser una líder eficaz cuando se trata de generar confianza. En parte, fue esta cualidad la que la convirtió en una líder exitosa. Pero una vez que comenzó a liderar un equipo remoto, se sintió perdida. Ella quería construir junto con ellos ese mismo tipo de relaciones positivas que siempre había tenido, pero ahora tenía a su cargo el liderazgo de estos nuevos colaboradores a quienes no conocía y que rara vez veía. De modo que luchó y luchó hasta que comenzó a comprender de manera diferente en qué consiste la dinámica de la confianza cuando trabajas a distancia. Una vez tuvo una visión más amplia al respecto, Liz comenzó a tener más éxito con ellos.

La confianza es invaluable para los líderes. Necesitamos poder confiar en las personas a las que dirigimos y no hay duda de que ellas también necesitan confiar en nosotros. Jim Kouzes y Barry Posner han escrito ampliamente sobre la importancia de la confianza, al igual que muchos otros[1]. Igual de importante es el hecho de que tu experiencia te muestre que, cuando tu equipo confía en ti y tú confías en ellos, las cosas funcionan mejor y las metas se cumplen mejor y más rápido.

Cuando lideras a distancia es una tontería decir que la confianza es *más* importante que cuando todo tu equipo trabaja contigo en la misma ubicación. Lo que sí hay que decir es que, cuando lideras a distancia, la confianza es más difícil de construir y más fácil de romperse. Y peor aún, los resultados de esa falta de confianza pueden no ser visibles de inmediato, pero el daño resultará siendo irreparable. A lo mejor, el proyecto estuvo retrasándose con relación al cronograma planeado, el equipo fue volviéndose disfuncional o los empleados clave terminaron abandonando la organización y tú no viste venir nada de eso.

El triángulo de la confianza

Ya sea que estemos hablando de tu pareja romántica, de tu círculo de amigos o del equipo que recibiste y con el cual tendrás que realizar el proyecto actual, el vínculo de la confianza se genera y se destruye de la misma manera. Se han realizado muchos estudios sobre el tema y han surgido muchos modelos de cómo generarla. En Remote Leadership Institute hemos leído, literalmente, cientos de libros y artículos de investigación sobre el tema de la confianza e identificamos tres componentes necesarios para que existan altos niveles de ella: propósito común, competencia y motivos (Figura 10). Cuanto mayor sea la alineación de estos tres componentes entre sí, mayor será el nivel de confianza que existirá entre las partes.

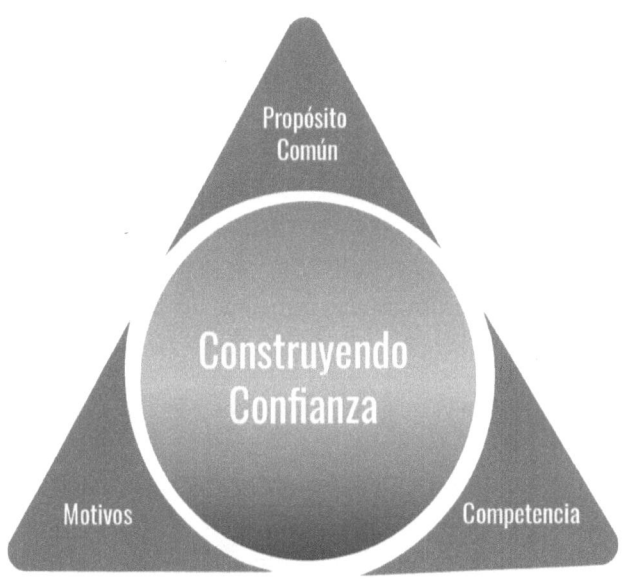

Figura 10 El triángulo de la confianza

Los componentes de la confianza en acción

Supongamos que tienes un amigo con el que juegas a las cartas con regularidad. Si estás conectado por ese *propósito común*, existe confianza en esa área (a ambos les encanta jugar y ambos disfrutan de su mutua compañía). Si ambos tienen el mismo nivel de *competencia* en el juego (los dos conocen las reglas, tienen un nivel similar de habilidades y estrategias y juegan de manera justa) y notan eso el uno en el otro, la confianza entre ustedes aumentará aún más. Y mientras ambos sientan que sus motivos son congruentes (pues quieren jugar y ver quién de los dos va a ganar), su nivel de confianza también será alto en esta área. En cambio, si descubres que tu amigo te está engañando, que sus motivos para jugar no son los mismos que los tuyos, será inevitable que tu nivel de confianza hacia él se reduzca. En el mejor de los casos, ya no querrás jugar a las cartas en su compañía y, en el peor de los casos, es posible que no quieras volver a hablar nunca con ese amigo. Es aquí cuando los componentes del triángulo de confianza lo explican todo.

A continuación, te mostramos algunos ejemplos de liderazgo mediante algunas preguntas:

- *Propósito común.* ¿Tienen tú y las personas que lideras el mismo propósito? ¿Estás "haciendo fuerza para el mismo lado que ellos"? Si tus colaboradores tienen la sensación de que tú no eres sincero en los que dices y haces, o comienzan a cuestionar las metas y los comportamientos de la organización, los resultados finales del que se supone que es el propósito en común podrían verse afectados.

- *Competencia.* ¿Cree que los integrantes del equipo al que diriges son competentes? ¿Tienen ellos la capacidad que se requiere para hacer lo que les pides? ¿Creen ellos que tú cumplirás tus promesas? Si las metas de venta que propones son ridículamente altas y tu equipo opta por creer que tú no sabes de lo que estás hablando, es definitivo que habrá falta de confianza entre ustedes. ¿Comprende tu equipo todo lo que tú estás haciendo para liderarlos y generar así los resultados esperados inclusive si el nivel de frustración del proyecto es alto?

- *Motivos.* Por último, es posible que todos tus colaboradores tengan las mismas metas y que todos sean técnicamente capaces de actuar de manera apropiada, pero ¿están ellos dispuestos a hacer un esfuerzo adicional? ¿Cuentan ellos con tu respaldo o tú siempre estarás del lado de la empresa? ¿Haces lo que dices que harás o tu equipo sospecha que solo les estás diciendo lo que ellos quieren oír?

Todas estas preguntas y situaciones son válidas sea donde sea que todos trabajen. Como suele suceder en cualquier campo, los factores para generar confianza son los mismos que cuando tus colaboradores y tú trabajan en el mismo lugar, pero la gente piensa de manera diferente y las cosas se vuelven más difíciles cuando las personas no están cerca las unas de las otras.

Cómo trabajar de forma remota afecta la confianza mutua

En un mundo ideal, no debería haber diferencia entre trabajar con alguien al final del pasillo o lejos el uno del otro. Después de todo, ambos tienen trabajo que hacer. Tú haces lo tuyo, ellos hacen lo de ellos y ninguna de las partes pierde el sueño preocupándose al no saber lo que está sucediendo. Sin embargo, en nuestro trabajo con los clientes, escuchamos todo tipo de inquietudes por parte de los miembros del equipo a causa de la falta de confianza:

- "¿Cómo sabré que ellos están trabajando si no puedo verlos?".
- "La gente de la oficina central recibe toda la atención y todas las promociones".
- "Quienes trabajan desde casa viven más tranquilos que nosotros. Ellos no tienen que encargarse de tantas minucias y el jefe les da autonomía para que hagan su trabajo. En cambio, aquí en la oficina, nosotros estamos a su alcance, de modo que él nos pide más resultados a nosotros y deja más tranquilos a los teletrabajadores".

Una de las historias más dramáticas de las que nos hemos enterado tuvo lugar cuando Wayne hablaba sobre el uso de las cámaras web como medio para generar confianza. En una sesión, uno de los participantes le informó que, en su lugar de trabajo, ellos no usaban cámaras web y que, de hecho, era una práctica bastante común colocar cintas o papeles adhesivos sobre las cámaras, incluso cuando no estaban en uso. Cuando se les preguntó por qué, la respuesta fue: "Porque nuestro jefe quiere que usemos cámaras web solo para asegurarse de que estamos trabajando y, si ese el caso, no queremos que él nos espíe".

¿Qué tan malo es el nivel de confianza en una organización cuando los empleados se niegan a usar las herramientas de comunicación, porque creen que la organización los está observando en todo momento? Por otro lado, si tu organización está haciendo eso, entonces, el aspecto de la confianza es un problema real y te alentamos a que trabajes en él lo antes posible.

Un ejemplo

Helen tiene dos compañeros de trabajo. Ya antes ha trabajado con Gretchen y ella sabe que, aunque Gretchen no dice mucho en las reuniones, es diligente y que, cuando ella habla, su comentario siempre es útil. Además, en todo el tiempo que hace que Helen la conoce, ella nunca ha incumplido una fecha límite, ni ninguno de sus compromisos con la empresa. En otras palabras, Helen confía en Gretchen.

Mientras tanto, Rajesh es nuevo en el equipo y él y Helen nunca se han encontrado en persona. Ella no sabe nada de él, excepto que, en ocasiones, él habla durante las conferencias telefónicas y parece muy inteligente, sin embargo, no entregó su trabajo en la que se le asignó como fecha límite.

Entonces, ¿en quién confía menos Helen? El problema (probablemente) no radica solo en Rajesh. Cualquiera podría no cumplir con una fecha límite, pero Helen está juzgando su nivel de competencia, su capacidad de integración con el grupo y su motivación, basándose en una cantidad muy pequeña de datos. Si ella es una persona que, por naturaleza, confía en su equipo de trabajo, puede que le dé cierta autonomía a Rajesh, pero si se siente paranoica, tiene prisa o simplemente está de mal humor, elegirá a la fija a aquella persona en la que ella *sabe* que puede confiar. Incluso podría decidir que nunca acudirá a Rajesh en busca de ninguna clase de ayuda.

En la vida real

Esto sucede en equipos remotos todo el tiempo. Cuando le envías a Joanne un mensaje pidiéndole ayuda, ella siempre te responde al instante, lo cual muestra que está interesada en colaborarte. En cambio, si le envías ese mismo mensaje a Bob, él tarda todo el día en responder, lo cual pareciera indicar que a él no le importa si vives o mueres. A lo mejor, sea injusto juzgarlo de ese modo. Tal vez, Bob estuvo en una reunión todo el día o quizá quería asegurarse de obtener la mejor respuesta antes de responderte, pero todo lo que sabes es que, con esa información que tienes a tu disposición, decidiste confiar en Joanne más que en Bob y, con el tiempo, ella terminará convirtiéndose en tu referencia a la hora de obtener respuestas.

La confianza se basa en pruebas. Sin ellas, no tenemos de otra, sino tratar de adivinar si podemos confiar en las personas. Si te gusta asumir una intención positiva, esta te funcionará por un tiempo, pero ¿qué haces cuando sucede algo que debilita tu confianza? Para la mayoría de las personas, es más fácil dañar la confianza que tratar de reconstruirla.

Para la mayoría de las personas, es más fácil dañar la confianza que tratar de reconstruirla.

Cuando trabajas de forma remota, tienes menos oportunidades de evaluar si un colaborador está realmente alineado con tu propósito, si es competente en su trabajo y si está tan motivado como tú. Cuando trabajas desde el mismo lugar que tu equipo, los ves llegar temprano y salir tarde, tomando notas en las reuniones. Sabes que, si tienes una pregunta sobre X, Patricia es la persona con quien es productivo hablar. Pero cuando no conoces realmente a aquellos con quienes trabajas y tienes pocas oportunidades de interactuar con ellos, es difícil construir una relación laboral sólida, duradera y de confianza.

Cómo generar confianza intencionalmente, trabajando a distancia

Es posible construir confianza a distancia, pero no ocurre por accidente. Por lo tanto, bríndales a quienes trabajan contigo la oportunidad de ver que todos y cada uno de ellos están alineados en las tres esquinas del triángulo de la confianza: propósito, competencia y motivos. Crear y ayudar a construir esta alineación con respecto a las tres esquinas del triángulo de confianza es una parte importante de tu trabajo. Una vez que ellos sepan con quién están trabajando y qué tan inteligentes y bien preparados son sus compañeros de equipo, y que vean que todos se dirigen hacia el mismo destino, se ayudarán unos a otros cuando sea necesario o se les solicite —y esto generará confianza mutua.

Cuando trabajas a distancia, el equipo no suele interactuar tanto como lo haría de manera presencial. Con frecuencia, la comunicación pasa a través tuyo en calidad de líder y el equipo no tiene tantas oportunidades de verse así mismo en acción. Es por eso que un líder a distancia hace algunas cosas muy prácticas para ayudar a generar confianza como equipo y entre todos y cada uno de quienes los integran. Ten en cuenta lo siguiente:

- *Utilizar las reuniones de manera estratégica.* Uno de los desafortunados efectos secundarios de nuestro mundo laboral de 24 horas al día, 7 días a la semana es que el tiempo se ha vuelto demasiado valioso como para perderlo. Por este motivo, muchos líderes tratan las reuniones como eventos que deben realizarse lo más rápido posible, sin perder tiempo. Así que, con demasiada frecuencia, eso significa hacer que las reuniones sean breves y transaccionales. La naturaleza y el flujo de las video o teleconferencias hacen que esto sea aún más cierto. Sin embargo, esas reuniones podrían ser la única vez que el equipo hable entre sí como grupo. Por lo tanto, saca el tiempo que sea necesario para que la gente vea por sí misma lo alto que es el nivel de desempeño de todos en el equipo. Programa presentar, como mínimo, a un miembro por reunión y deja que sea esa persona quien hable sobre su trabajo o resalta tú sus puntos fuertes ("Si tienen una pregunta sobre Excel, Fabián está muy bien preparado para ayudarles en esa área"). Además, funciona que hagas presentaciones rápidas de algunos miembros cada semana, permitiendo que el grupo obtenga de ellos respuestas a preguntas o desafíos que el grupo suele enfrentar. Nada muestra más motivación que tener a la mano a alguien que está dispuesto a contribuir en la resolución de un problema. Por tanto, utiliza todas las herramientas que tengas a la mano cuando vayas a hacer grandes reuniones, incluidas las agendas, pero recuerda que, con un equipo a distancia, estas reuniones logran más que el aparentemente simple hecho de comunicarse y hacer el trabajo, pues son un espacio magnífico para construir confianza.

- *Compartir elogios en público.* Como líder, sabes que la retroalimentación positiva es importante (y en el Capítulo 8 hablamos sobre ella y de la retroalimentación en general). Desafortunadamente, en un mundo virtual, este tipo de retroalimentación solo tiende a suceder en las reuniones uno a uno. Eso hace que la persona se sienta bien, pero el resto del equipo no escucha qué buen trabajo hizo ella en la cuenta de Jackson, ni cuánto trabajó para ayudarles a todos a cumplir con esa meta. De modo que necesitamos ayudarle al equipo entero a conocer las fortalezas, talentos y esfuerzos de quienes lo integran.

- *Delegar en público.* Al asignar tareas, la percepción de equidad es tan importante como la de igualdad. Con frecuencia, los miembros de los equipos remotos no saben en qué están trabajando los demás. Esta realidad tiende a generar en cada uno la sensación de que "hay personas" que se están librando de hacer los trabajos sucios que tú como líder estás haciendo que ellos hagan. Entonces, para evitar suspicacias, cuando delegues o asignes proyectos, infórmale a todo el equipo quién está haciendo qué. Aunque probablemente no delegarás durante tu llamada/reunión con el equipo ("Adrienne, quiero que..."), sí ayudaría más de lo que tú crees si le haces saber al equipo qué es aquello que le has delegado a Adrienne.

- *Crear oportunidades de manera intencional para que todos se conozcan y generar confianza entre unos y otros.* Los líderes pueden ayudarle a su gente a conocerse entre sí, mezclando equipos de manera intencional, asignando mentores y delegándoles parte de la capacitación para que todos tengan la oportunidad de interactuar con compañeros con los que, de otra manera, no trabajarían en estrecha colaboración. No sacrifiques las oportunidades para generar confianza entre ellos en aras de "retomar cada uno su trabajo".

- *Utilizar la tecnología para construir relaciones.* Todos trabajamos mejor con personas que conocemos, que nos gustan y en las que confiamos. Pero entonces, ¿cómo nos conoceremos todos, unos a otros? Las herramientas sincrónicas como las cámaras web nos permiten ponerles caras a todos los nombres que hay en nuestra mente. Una investigación realizada en DePaul University mostró que, cuando conocemos la cara de nuestro interlocutor, hay una disminución en los comportamientos negativos como mentir, excluir y ser demasiado agresivo[2]. Así que ayúdale a tu equipo a ponerles caras a los nombres. Lo diremos de nuevo: fomenta el uso de las cámaras web, sobre todo, en las reuniones uno a uno. También puedes usar herramientas como SharePoint para mostrar el estado y las tareas asignadas. Si tu equipo es grande o está distribuido en diversas zonas horarias, procura usar los foros de preguntas y respuestas de tal modo que quienes no interactúan con otros compañeros también tengan la oportunidad de recibir y ofrecer ayuda, logrando así que los conocimientos sean mutuos.

- *Si ves algo, dilo.* Existen muchas señales que indican que la confianza está siendo un punto débil en el equipo. Si de repente ellos te inundan de correos electrónicos (por ejemplo, te envían copia en cada comunicación que haya entre ellos), esa podría ser una señal de problemas.

Quizá, esa sea su forma de hacerte saber en qué están trabajando o tal vez no confían en su compañero y piensan que incluyéndote a lo largo de la comunicación evitarán posibles problemas. Cuando veas un comportamiento que te está indicando que hay problemas, sé proactivo para identificar lo que esté sucediendo, ayúdales a los involucrados a aclarar la situación, a establecer mejores conexiones, a reducir los conflictos y, si es necesario, a restablecer las expectativas.

Recuerda que la confianza se rompe fácilmente y es difícil de reparar. Tampoco es un proceso que se pueda hacer de forma unilateral. Una conversación franca y frecuente tanto con tu equipo como a nivel individual ayudará a evitar problemas. Como dijo una vez Napoleón: "Si quieres evitar la guerra, evita los mil pequeños pinchazos que conduzcan a ella".

Detente y piensa

- ¿Estás observando señales que indiquen que hay erosiones en cuanto al nivel de confianza entre los miembros de tu equipo? ¿Qué señales son?
- Observa el triángulo de confianza. ¿Qué factores parecen estar fuera de control?
- ¿Qué puedes hacer como líder para abordar y solucionar este problema?

12

Cómo elegir las herramientas de comunicación adecuadas

Regla 12 Identifica cuáles son los resultados de liderazgo que necesitas obtener. Luego, selecciona la herramienta de comunicación más eficaz para lograrlos.

"El medio es el mensaje, porque es este el que da forma y controla la búsqueda de las asociaciones y las acciones humanas".

—Marshall McLuhan, profesor y crítico de los medios

Theresa lamenta que solía ser fácil cuando todos los miembros de su equipo trabajaban con ella en la oficina. Había comunicación de persona a persona, reuniones y algunos correos electrónicos. Ahora, con gente trabajando en todas partes, son innumerables las herramientas que necesitas dominar. El problema es que hay algunas herramientas con las cuales ella no se siente segura al usarlas, otras que nunca aprendió a usar y otras que, bueno, simplemente, no le gustan. Dado que la interacción de persona a persona es cada vez menos frecuente, ella se apoya en el correo electrónico con demasiada frecuencia, aunque sabe que hay veces que este medio de comunicación la mete en problemas.

Hemos dicho a lo largo de este libro que el liderazgo a distancia es *casi igual* al liderazgo tradicional, excepto por las molestias causadas por el uso de la tecnología. Esa es una bisagra terriblemente pequeña que abre una puerta terriblemente grande.

La mayoría de los líderes tiene una relación complicada con la tecnología. Si llevas un buen tiempo en el ejercicio de esta labor, es posible que ya hayas pasado por dos o tres generaciones de herramientas y sabes que, si bien las nuevas tecnologías pueden resolver un problema, ninguna soluciona todos los problemas por completo (y, a veces, crean un conjunto completamente nuevo de dolores de cabeza inesperados). E incluso si eres competente con las herramientas actuales, sabes que estas seguirán cambiando.

Tres cosas a este respecto son 100% seguras:

- Que las cosas cambian a grandes velocidades cuando se trata de la tecnología de la comunicación.
- Que, a menos que seas el propietario de la empresa, lo más probable es que la decisión sobre las herramientas tecnológicas que están disponibles para ti no sea solo tuya.
- Que nadie ha establecido expectativas explícitas sobre cuáles son las formas más efectivas de comunicarte con tu equipo (y si tú no sabes eso, los miembros de tu equipo tampoco lo sabrán).
- Y, además, elegir las herramientas adecuadas tiene un impacto mayor que el de solo proporcionar información. También implica que sepas a ciencia cierta cómo deseas transmitir tu mensaje y cómo recibir de manera efectiva los comentarios acerca de ese mensaje. Desde la perspectiva de "ver y ser visto", es fundamental saber elegir la herramienta adecuada para realizar el trabajo a cabalidad.

Las herramientas que tenemos a disposición y la forma en que las utilizamos también influyen en la forma en que generamos y fomentamos la confianza en el grupo. Si tu equipo está disperso en distintas zonas horarias y la única forma en que pueden hablar entre sí es sincrónica, ¿cómo esperas que tu grupo de la India le demuestre su nivel de competencia y motivación al de Los Ángeles, que duerme mientras ellos allá están haciendo su mejor trabajo?

En ese caso, usar SharePoint para hacer preguntas importantes, permitiendo que cada uno las responda en línea en el momento que más le convenga, hará que todos los miembros de tu equipo se sientan cómodos con esta herramienta. Incluso podría funcionar mejor que hacer otra reunión. En otras palabras, queremos ayudarte a tomar cada vez mejores decisiones en la selección de tus herramientas. Comienza con una simple que usamos en muchos de nuestros programas para ayudarles a los líderes a enfocarse en qué herramienta usar, cuándo (y cómo).

En 2001, la investigadora suiza/alemana Bettina Büchel creó una matriz simple que creemos que explica este concepto, así como todos los que hemos visto al respecto (Figura 11)[1]. Para que la comunicación sea efectiva y apropiada, debes lograr el mejor equilibrio posible entre la riqueza y el alcance de cada interacción.

Veamos qué significa este modelo en tu trabajo diario como líder a distancia.

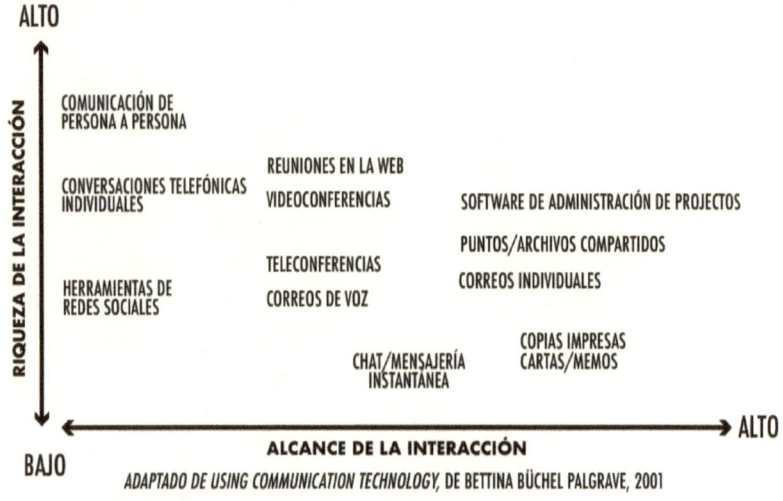

Figura 11

Riqueza de la interacción

La verdadera comunicación es más que tan solo comprender el contenido de cada mensaje, sea como sea que este se transmita. Todos sabemos que los seres humanos nos comunicamos de múltiples formas. Nuestro tono de voz, la expresión de nuestro rostro, nuestro lenguaje corporal y la elección de las palabras que usamos nos ayudan a interpretar un mensaje aparentemente simple.

Cuando alguien dice "Estoy bien", ¿es eso lo que en verdad está diciendo? Tal vez, esa persona no pueda mirarte a los ojos cuando te lo dice o su forma de decirlo sea una pista de que no está segura de que todo esté bien. Si estás frente a ella y puedes recopilar todas esas pistas extra, sabrás evaluar si en realidad ella está bien o si necesitas investigar más para asegurarte de que no haya algo más que necesites saber.

Con el modelo de Büchel, el mejor ejemplo de comunicación enriquecida es una reunión frente a frente, mientras tú y esa otra persona se toman un café. Tú y ella se encuentran en medio de una proximidad física, pueden verse y escucharse entre sí y están recibiendo todas las señales no verbales, visuales y sociales que necesitan para interpretar el mensaje de cada una. Así, puedes asegurarte de que tu mensaje también sea entendido y aceptado.

El problema es que estas circunstancias perfectas rara vez ocurren cuando eres líder a distancia. Más allá de los desafíos obvios causados por la distancia, tanto el tiempo como la gran cantidad de personas involucradas en el proyecto también influyen en el nivel de comunicación. Si el grupo es grande, por ejemplo, incluso si estás frente a frente, es posible que las personas no hablen, ni hagan preguntas. A medida que crece el tamaño del grupo, es muy común que la comunicación se convierta en una transmisión, con personas que tienen preguntas hasta el final en lugar de que esas preguntas surjan orgánicamente, si es que las hacen. Si alguna vez estuviste en una teleconferencia o reunión web y dijiste, "¿Alguna pregunta?", solo para encontrarte con el sonido de los grillos, entonces, has experimentado este fenómeno al cual nos estamos refiriendo acerca de lo que es obtener como respuesta a esta pregunta un silencio absoluto.

La riqueza de la interacción se ve afectada tanto con el tiempo como con el espacio. Veinticuatro horas después de una reunión, si le preguntas a dos personas que han sido parte de la misma conversación qué aprendió cada una de ellas, lo más probable será que obtengas interpretaciones muy diferentes. No es práctico estar frente a frente cada vez que necesitamos comunicarnos con alguien. De hecho, con gente esparcida por todas partes, desafías las leyes de la física, ¡sin mencionar tu economía! Entonces, cada vez que levantamos el teléfono o enviamos un correo electrónico en lugar de subirnos al automóvil o celebramos una videoconferencia en lugar de subirnos a un avión, estamos sacrificando la riqueza de la interacción a favor del alcance que obtengas durante ella.

El alcance de la interacción

En esa necesidad de tener en cuenta el tiempo y la distancia es donde entra el alcance. El correo electrónico es el ejemplo perfecto de una herramienta con gran alcance. Miles de personas reciben el mismo mensaje al mismo tiempo (teóricamente, al menos). No puedes ver las reacciones de sus lectores, ni escuchar sus lamentos de angustia o sus gritos de alegría, ni responder a sus preguntas en tiempo real. No sabes si te han entendido correctamente o si te creen lo que estás comunicando. Y seamos honestos, ni siquiera sabes si han leído la maldita cosa.

Eso no quiere decir que la riqueza de la comunicación sea superior al alcance de esta. La capacidad de hacer referencia a comunicaciones pasadas y hacer que la información sea consistente entre lectores y ubicaciones es importante. También sabemos que, si te has pasado tres días disculpándote por no enviar un mensaje que tardabas treinta segundos en escribirlo, comprenderás que el alcance de la comunicación conlleva su propio conjunto de limitaciones y restricciones.

Encuentra la combinación adecuada

Si observas la matriz de la Figura 11, verás que casi todos los métodos de comunicación logran un equilibrio entre riqueza y alcance. Para tener conversaciones personales enriquecedoras, es posible que debas sacrificar tiempo y eficiencia. Tú puedes ahorrar tiempo enviando un correo electrónico, pero lo haces bajo el riesgo de ser malinterpretado o de que las personas tengan preguntas que necesitan respuestas antes de poder implementar tu sugerencia.

Con demasiada frecuencia, los líderes a distancia están tan ocupados haciendo el trabajo que no son tan conscientes como deberían de las herramientas que usan, ni de cuán efectivas son. ¿Recuerdas el modelo de liderazgo a distancia al cual nos referimos en el Capítulo 4? Como líder, ten en cuenta tus mensajes y objetivos al momento de entrar en comunicación; luego, elige la herramienta adecuada en cada uno de esos momentos.

Las reuniones web son un buen ejemplo. Supongamos que tienes Skype Empresarial como tu herramienta de interacción diaria. En la Figura 11, las reuniones web se encuentran en un punto intermedio: bastante enriquecedoras, con un buen nivel de alcance. De hecho, dependiendo de cómo se utilicen, pueden generar gran riqueza (p. ej., haciendo reuniones de capacitación y formación uno a uno por medio de videollamadas,) o un alcance extraordinario (como el temido, pero a menudo útil método de "todas las manos reunidas"). Pero, en general, estás sacrificando un factor por el otro en función de cómo utilices la herramienta.

Si necesitas una lluvia de ideas de manera efectiva, es posible que desees tener grupos pequeños que usen cámaras web y una participación total con la pizarra en línea. Incluso podrías grabar la reunión para su uso posterior o para incluir a aquellos que no pudieron asistir. Esta táctica suele conducir a una comunicación sorprendentemente enriquecedora.

Por otro lado, si no estás usando cámaras web y tienes cien personas en línea, es posible que envíes tu mensaje (¡y este sea de alto alcance!), pero tendrás pocas posibilidades reales de involucrar a las personas, de obtener comentarios y de responder preguntas en tiempo real o de evaluar las reacciones de los participantes.

Esto no significa que la aplicación sea incorrecta, sino que no es la mejor forma de comunicar el mensaje en cuestión. El punto es que seas intencional y 100% consciente de lo que estás tratando de transmitir, a quién y con cuánta "riqueza" deberás hacerlo.

A menudo, los líderes eligen una herramienta más que otra por razones tanto correctas como incorrectas. Confiar en los correos electrónicos y los mensajes de texto suele tener sentido cuando viajas y cruzas por diversas zonas horarias, pero si el mensaje es sensible, complejo o se malinterpreta fácilmente, ¿estás sacrificando la efectividad por la conveniencia? De manera similar, si estás asesorando a un empleado por teléfono, ¿es porque esa es la única forma de tener esa conversación o porque uno o ambos se sienten incómodos con las cámaras web y prefieren no usarlas? (A pesar de que sería increíblemente útil para que los involucrados en ella vieran las expresiones faciales y el lenguaje corporal de cada uno).

Los líderes a distancia no pueden evitar esta parte nueva y a la vez tan importante del ejercicio de su liderazgo. Por lo tanto, deben conocer las herramientas que tienen a su disposición, comprender sus ventajas y desventajas y luego utilizarlas al máximo de su potencial.

Detente y piensa

Observa la Figura 11 y pregúntate:

- ¿Qué herramientas están usando bien tu equipo y tú?
- ¿Qué herramientas utilizas, porque no conoces otra opción?
- ¿Qué herramientas no están usando bien tu equipo, ni tú?
- ¿Hay herramientas que no tienen y que les serían útiles?
- ¿Tienes herramientas que no estás utilizando, debido a la falta de capacitación o conocimiento?
- Si utilizas esas herramientas, ¿cómo te verías afectado (positiva y negativamente) con respecto a la forma en que te comunicas y generas confianza en tu grupo?
- ¿Qué vas a hacer al respecto?

13

Consejos tecnológicos para el líder a distancia

Regla 13 Maximiza las capacidades de cada herramienta o minimizarás su efectividad.

"Una tecnología suficientemente avanzada debería ser lo más parecido a hacer magia".

—Arthur C. Clarke, escritor futurista y de ciencia ficción

James se sorprende cuando se da cuenta de la cantidad de herramientas de comunicación que tiene a su disposición, así como de las pocas que usa o con las cuales se siente cómodo. Recuerda los días en que la gran decisión que él tenía que hacer era elegir entre usar un correo de voz y un correo electrónico. Teniendo en cuenta los desafíos que él y su equipo enfrentan, está seguro de que algunas de estas nuevas herramientas son efectivas, pero no sabe por dónde, ni cómo empezar a usarlas, ni cuáles usar o dónde concentrar el poco tiempo libre que tiene para aprender más sobre ellas. El hecho es que, hasta que él no se decida a salir de su confusión, su frustración irá en aumento y los resultados de su equipo sufrirán las consecuencias de su indecisión en cuanto al tema.

Muchos líderes tienen una relación difícil con las herramientas de comunicación electrónica. Como ya hemos señalado, este es un desafío para el líder a distancia, porque mucho en este estilo de liderazgo se realiza a través de la comunicación digital. También hemos señalado que tu enfoque debe estar en el *qué* y no en el *cómo* —necesitas lograr tus metas y la tecnología es un área imposible de ignorar.

Está bien que te des la oportunidad de reconocer que hay aspectos en ella que son nuevos e incómodos. Sin embargo, ten presente que hay líderes, más que todo, líderes seniors, que luchan al no saber cómo tener éxito usándola y esto se debe a tres razones:

- *No están dispuestos a incomodarse.* Ellos saben que, hasta ahora, tuvieron mucho éxito sin necesidad de usar este tipo de herramientas, de modo que optan por descartar su importancia o se resisten a aprender a usarlas.

- *No creen que la tecnología sea algo "natural".* La mayoría de ellos no pertenece a la generación de los "nativos digitales". Muchos son mayores y menos expertos en tecnología que otros miembros de sus equipos[1]. Esta realidad suele hacer que ellos se sientan incompetentes o, como mínimo, menos seguros de lo que están dispuestos a aceptar, por lo tanto, evitan el uso de muchas de las herramientas tecnológicas que tienen a su disposición.

- *La tecnología está en continuo cambio.* Es cierto que la tecnología cambia tan rápido que muchos líderes están demasiado ocupados tratando de hacer su trabajo como para también tener que mantenerse al tanto de los últimos dispositivos e innovaciones digitales. Esto tiende a crear el círculo vicioso de atrasarse cada vez más en la utilización de las herramientas disponibles para maximizar los resultados de la comunicación y de la organización.

Recuerda esto: *no* usar estas herramientas no es una opción viable. Cuando eres consciente de que parte de tu responsabilidad como líder es generar confianza, comunicarte con claridad y liderar reuniones productivas, entonces, sabes que debes utilizar la tecnología que tienes a tu disposición. Eso requiere elegir la herramienta adecuada para el trabajo correcto (equilibrando la riqueza y el alcance de cada interacción) y luego usarla de la manera más efectiva posible. De lo contrario, estarás tratando de hacer un trabajo arduo con una mano atada a la espalda.

Sé honesto contigo mismo: es posible que en realidad no seas un experto en el uso de una o más de las herramientas tecnológicas disponibles. De hecho, las investigaciones muestran que es muy probable que no lo seas. Dos estudios de MIT/Sloane Cap Gemini determinaron que existe una paradoja importante al respecto[2]. Los líderes que usan y se sienten cómodos con la tecnología son calificados consistentemente más alto en otras áreas de liderazgo que aquellos que no la usan. Sin embargo, una enorme cantidad de ellos —la gran mayoría— no se siente cómoda o confiada al usar estas herramientas. Si tú necesitas tecnología para hacer tu trabajo, pero no la usas bien, estarás trabajando bajo suposiciones que ya no serán acertadas y es casi seguro que te retrasarás en el cumplimiento de tus metas.

La buena noticia es que no tienes que ser el usuario más avanzado del equipo. Lo que necesitas es saber aprovechar lo suficientemente bien las herramientas que están a tu disposición para así lograr tus objetivos y mantener tu credibilidad. Piénsalo de esta manera: tú sabes lo que necesitas para comunicar, así que debes elegir las mejores herramientas y usarlas de manera efectiva para que lo que quieres comunicar sea claro y conciso.

En este capítulo, veremos los tipos de herramientas y las categorías generales sin necesidad de ser demasiado específicos. En parte, esto se debe a que somos neutrales en cuanto al uso de las plataformas tecnológicas —trabajamos con la mayoría de las herramientas para ayudarles a nuestros clientes a tener éxito. Sin embargo, en la práctica, no vamos a ser específicos, porque el tiempo de ciclo vigente de vida en las tecnologías de la comunicación es de menos de seis meses.

En el momento en que leas este material, es muy probable que algunas características específicas o un nombre de marca de ciertas herramientas tecnológicas sean diferentes por completo, así que hablaremos de manera genérica. Lo que necesitas saber es que el 90% de las plataformas tecnológicas tiene las mismas características; simplemente, se llaman de maneras diferentes y se etiquetan de manera diferente. Como ejemplo importante, sea cual sea la plataforma que estés utilizando, lo más probable será que estés usando algún tablero electrónico. Entonces, debes saber que sí, que esta herramienta está a tu alcance y que puedes aprender a usarla de manera adecuada sin importar la plataforma que uses.

Antes de pasar a las herramientas, hagamos una distinción clara entre dos tipos de comunicación para que puedas utilizar cada uno de ellos de la mejor manera.

- *La comunicación asincrónica te permite obtener la información cuando la necesitas.* En un lugar de trabajo esparcido es importante mantener un depósito central de información en constante funcionamiento. Una "sala de archivos" virtual, con información almacenada de diversas formas, es fundamental. Los miembros del equipo que se pierden una reunión o duermen mientras que el resto del equipo trabaja en otra parte del mundo podrán recibir esa misma información y de la misma manera cuando la necesiten.

- *La comunicación sincrónica ocurre en vivo, al mismo tiempo para todos los involucrados.* Este es el estilo que te resulta más familiar y más cómodo —puesto que lo has estado usando desde siempre—. Sin embargo, en los lugares de trabajo dispersos de hoy es casi imposible estar todos juntos al mismo tiempo (virtualmente o en el mismo recinto).

La siguiente es la razón por la cual es importante hacer esta distinción. Piensa en lo que ocurre cuando los líderes convocan a una reunión virtual: todo tiende a detenerse. El trabajo que tal vez tiene mayor prioridad para cada uno queda en modo de espera. Lo que esto significa es que la reunión se convierte en un impedimento para la realización de dicho trabajo, es decir, se vuelve una interrupción más que una ventaja.

Cuando se trata de hacer el trabajo, la tecnología puede ser tanto un facilitador como una barrera. Sin embargo, cuando se usa la herramienta correcta de la manera correcta, hay transparencia, responsabilidad y la enorme capacidad de atravesar el tiempo y el espacio.

La lista de herramientas tecnológicas que sigue no es de ninguna manera exhaustiva, porque, una vez más, surgen nuevos productos todos los días. Entonces, deja de preocuparte/quejarte por las herramientas específicas que te ha proporcionado el departamento de tecnología de tu organización. Lo más probable es que las que te asignen te ayudarán a *hacer mejor tu trabajo*. Y si sabes usarlas, estarás más que bien. Ahora, si te falta alguna de las que hay en esta lista, comparte este capítulo con el jefe de departamento (o cómprale una copia de este libro).

Herramientas asincrónicas

Cuando hablamos de la comunicación en el lugar de trabajo, es natural pensar en dos o más personas literalmente "hablando" entre sí al mismo tiempo. En el lugar de trabajo disperso de hoy, que funciona durante las 24 horas, los 7 días de la semana, donde las distancias y las zonas horarias a menudo determinan que tenemos horarios diferentes, hemos llegado a depender cada vez más de herramientas que no requieren que todas las partes involucradas en un proyecto estén presentes al mismo tiempo. Estas son algunas:

Los videos y los mensajes grabados

Los líderes necesitan ver y ser vistos. Por lo general, pensamos que las herramientas asincrónicas se basan más que todo en textos (tableros de mensajes, correos electrónicos), pero tú puedes imprimirle riqueza hasta a los mensajes informales. El video te permite agregarle un componente visual a lo que vas a decir. En lugar de un correo de voz, es casi más fácil presionar "grabar" y hacer un video. Sin lugar a duda, es importante compartir videos de alta resolución y bien producidos cuando se trata de enviar anuncios largos y muy significativos, pero con la capacidad de los teléfonos inteligentes de hoy, y con el uso generalizado de Facebook, Snapchat y otros programas, no hay excusa para que no muestres tu rostro en ocasiones. De hecho, la interacción casual es tan importante para generar confianza como hacer videos de alta calidad.

Puedes almacenar estas grabaciones en tu red (más sobre esto en un minuto), pero también hay muchos servicios de video donde es posible tener un lugar seguro para almacenarlos o tu grupo encargado de la tecnología podrá configurar un lugar específico donde solo tú y tu equipo tengan acceso a ellos.

Si no te gusta verte a ti mismo en un video o te sientes cohibido ante el uso de las cámaras web, supéralo. El factor primordial para que un equipo use una herramienta es si su jefe la usa. Si no usas tu cámara web con regularidad, no esperes que tu equipo la use, incluso si les ha dicho lo importante que es usarla.

Los archivos comunes

Imagínate lo que sería tener a tu disposición una sala de archivos donde se almacenaran todos los documentos que tu equipo genere y que no tuvieras que buscar entre cajas polvorientas para encontrarlos, ni para identificar la última versión de ellos. Ahora, hacer eso es tan simple como hacer clic en un enlace. Herramientas como SharePoint, Google Docs, Basecamp y otros productos nos permiten tener un almacén central permanente, de fácil acceso y búsqueda de información.

Para el líder, es fácil lograr transparencia cuando sus colaboradores tienen acceso a todas sus comunicaciones (boletines informativos, envíos masivos de correos electrónicos y otros materiales escritos y grabados) según ellos las requieran. Incluso si la mayoría de ellos no aprovecha estas herramientas y puede llegar a ser necesario hacer algo de trabajo hasta lograr que las utilicen, el hecho de que hayas puesto la información a su disposición es un gran paso para generar confianza y responsabilizarte de tus compromisos como líder.

Los correos electrónicos

Sí, el correo electrónico es una herramienta asincrónica (aunque, con demasiada frecuencia, no se utiliza de esa manera). Si eres de los que envías un correo electrónico y luego te sientas a tamborilear con los dedos esperando obtener una respuesta inmediata, *lo estás usando mal.* De hecho, estás poniendo a los demás en una posición incómoda y quizás acabando con su productividad. Imagínate lo que tu equipo estará haciendo o pensando en el momento en que les envíes ese correo electrónico. ¿Quieres que ellos dejen de hacer lo que estén haciendo y te respondan de inmediato? ¿Es más importante que te respondan que cumplir con un plazo o compromiso que ellos hayan adquirido con otros miembros del equipo? Si necesitas una respuesta instantánea, elige una herramienta más sincrónica como el teléfono, la mensajería instantánea o un mensaje de texto.

El correo electrónico funciona mejor cuando:

- *Necesitas mayor alcance.* Tienes muchas personas que necesitan recibir el mismo mensaje al mismo tiempo (entregado de la misma manera).
- *Necesitas un registro permanente.* El correo electrónico es ideal para crear un registro permanente de lo que se ha comunicado. Pregúntale a cualquier abogado a este respecto. Si no quieres un registro permanente, no

utilices el correo electrónico. Recuerda, es la ley: el correo electrónico puede constituirse en una prueba válida.

- *El mensaje está completo.* Intenta usar el método "cabeza, corazón, manos". Bríndales a tus corresponsales la información que deseas, lo que significa para ellos (muéstrales empatía y comprensión) y luego sé claro sobre lo que deseas que ellos hagan exactamente como resultado de esa nueva información que les estás enviando (los pasos a seguir y el marco de tiempo que tienen para realizarlos). De esta manera, tus lectores comprenderán los hechos, te conectarás mejor con ellos a nivel empático y emocional (lo que aumentará la aceptación del mensaje o fomentará las preguntas y la retroalimentación necesaria) y les responderás a la pregunta más importante que suele surgir en estos casos: "Entonces, ¿qué hago ahora?".

Herramientas sincrónicas

Por supuesto, incluso cuando las personas pueden comunicarse en vivo y en el momento, a menudo, no se encuentran en la misma ubicación física. Ahí es donde entran en juego las herramientas sincrónicas.

Las cámaras web y las videoconferencias

Aquí, no estamos hablando de mensajes grabados (aunque es un hecho que la mayoría de las conversaciones en video se pueden grabar y almacenar fácilmente). En la comunicación diaria, la cámara web y el video suelen ser subestimados. Son la mejor herramienta remota, uno a uno, para ver y ser visto. El uso de la cámara web de forma regular es muy funcional tanto para el líder como para los miembros del equipo.

Mucha gente piensa que la cámara web se usa mejor para "transmitir" mensajes, y sí, es útil para eso, pero es muy probable que sea más útil en situaciones de uno a uno. Es más cómodo para las personas usar su cámara web uno a uno en lugar de usarla con todo el equipo presente, sea cual sea la herramienta que ellas usen. Y, si piensas en el valor y la "riqueza" de la comunicación, ¿no son esas conversaciones personales en las que el lenguaje corporal, el tono de voz y el contacto visual son más importantes?

Para cada miembro de tu equipo esta es una oportunidad de comunicarse a un nivel eficaz contigo. Recuerda, ellos quieren verte y escucharte con la mayor precisión posible y también necesitan comunicarte sus ideas, inquietudes e información de una manera eficaz. Escuchar por teléfono a alguien que acepta tomar ciertas medidas importantes no es lo mismo que ver la expresión de emoción o terror abyecto en su cara cuando esta persona se decide a hacer lo que haya que hacer. Además, esta herramienta les permite verte como una persona real, no como un nombre incorpóreo escrito en un correo electrónico o como un personaje inaccesible que hace parte de un video grabado. Y si te ven con tu camiseta, trabajando desde casa o intentando trabajar desde un aeropuerto… eso no malo. Después de todo, tú eres un ser humano.

Para ti, como líder, ver a las personas con las que estás hablando es valioso en tres niveles:

- *Mejora la comunicación.* Te estás comunicando para obtener y compartir información y/o aclarar los pasos a seguir. Es importante que sepas que has expresado tu punto de vista y que el resultado será el que deseas y esperas. Sin las señales visuales podrías hacer una sugerencia que suene como una orden y luego no obtener la retroalimentación necesaria para cuestionar, ajustar o incluso decidir que, después de todo, esa no es tan buena idea.

- *Reduce el aislamiento.* No solo te *sientes* aislado como líder, sino que, en un mundo virtual, *estás* realmente aislado. Cuanto más puedas hablar con otras personas, más fuerte será la conexión y menos solo te sentirás. Es posible que los miembros de tu equipo también sientan la misma soledad que tú.

- *Genera confianza.* Cuanto más enriquecedora sea la comunicación, más fácil será generar confianza con los demás. Por el contrario, en ausencia de pistas visuales, la confianza tiende a estancarse o a romperse con mayor facilidad.

Usar una cámara web no tiene por qué ser un gran problema. A menudo, es cuestión de presionar un botón en cualquier dispositivo que estés utilizando. Es tan simple como usar FaceTime o Facebook Live o parte de tus herramientas de trabajo como Skype. Usa las herramientas que tienes, pero úsalas.

Una buena forma de superar la resistencia al uso de las cámaras web es creando el hábito de usarlas. Siempre que sea posible, programa reuniones con esta pregunta: "¿Quieres hablar por teléfono o vía cámara web?". Deja abierta la opción. Muchas personas aprovecharán la oportunidad de conectarse contigo. También darás la apariencia de estar cómodo con esa herramienta (que puede ser cierta o no, pero ¿quién va a saberlo?), lo cual aumenta tu credibilidad y transparencia.

Dado que estamos siendo transparentes, la siguiente es una historia que tuvo lugar hace unos años en Kevin Eikenberry Group. Kevin estaba convencido de que usar cámaras web les agregaría valor a nuestras conversaciones, así que insistió en que todos tuviéramos cámaras web a nuestra disposición. Como era de esperar, su idea generó cierta resistencia, así que, en lugar de insistir en que cada conversación fuera visual, él permitió que las personas decidieran si usarían o no sus cámaras y cuándo. Algunas las usaban y otras no. Pero había ocasiones en las que él pensaba que el video contribuiría a la reunión, de modo que, cuando la conversación era crítica o el tema a tratar era complejo o importante, les pedía a los participantes en ella que usaran sus cámaras. Hasta aquí todo bien, ¿no?

Sin embargo, la consecuencia involuntaria de esto fue que la gente comenzó a asumir que, si Kevin quería hablar con ellos por webcam, lo que esto significaba era que ellos estaban en problemas o que él les daría una mala noticia. Después de todo, si por lo general podían decidir, y Kevin estaba anulando esa elección, entonces, una solicitud para comunicarse en la cámara web no podía ser para recibir una buena noticia. Después de realizar un poco de prueba y error, nuestra política ahora es usar cámaras web a menudo para tener conversaciones tanto informales como importantes. Algunas personas la usan con frecuencia, otras la usan tan poco como les es posible, pero ese ya no es un gran problema (al menos, Kevin espera que no lo sea).

Mensajería de texto (SMS)

La mensajería de texto y la mensajería instantánea (MI) son herramientas sincrónicas basadas en texto y, a menudo, se agrupan, pero son herramientas independientes que pueden y deben usarse de diferentes maneras.

Enviar mensajes de texto es útil, porque utilizas el dispositivo que es más probable que tenga tu gente a su disposición en cualquier momento del día o de la noche: sus teléfonos móviles. Por lo tanto, cuando un mensaje debe tener un gran alcance (ya sea una gran audiencia o porque la velocidad con la cual el equipo la reciba sea esencial), esta herramienta funciona bastante bien.

Por supuesto, los mensajes de texto generalmente solo funcionan en los teléfonos móviles y no en otros dispositivos. Esto significa que las personas deben tener sus teléfonos a mano para recibir (y responder) el mensaje.

Dado que los mensajes de texto a menudo se leen apresuradamente, con frecuencia se malinterpretan. Según Verizon, el 85% de los usuarios admite que responde mensajes de texto desde el baño[3]; nuestros estudios sugieren que el otro 15% no es del todo veraz en sus respuestas. Esto hace que el envío de un mensaje de texto sea un buen método para obtener mensajes rápidos que sirvan para llamar la atención, pero no es tan útil (y quizás, es más bien un problema) cuando la respuesta al mensaje requiere de detalles o matices.

Recuerda estos datos sobre los mensajes de texto:

- *Suelen funcionar en los negocios.* Así es como funciona una buena parte de tu equipo de trabajo en la vida cotidiana.

- *Tienes poder posicional.* Esto hace que cada solicitud o demanda que envíes por medio de un mensaje de texto se sienta como una orden, ya sea que tu intención sea esa o no. El tono y la etiqueta adecuados aquí son esenciales.

- *Funcionan mejor cuando el mensaje es urgente.* Hoy en día, la mayoría de las personas está adiestrada como los perros de Pavlov para responder de inmediato a los mensajes de texto. Si respetas el tiempo personal de los demás y esperas a que ellos revisen sus mensajes solo a determinadas horas, no les envíes mensajes de texto, pues ellos dejarán de hacer lo que están haciendo y revisarán su teléfono. Más vale que el mensaje valga la pena para ellos. Si no lo ven como tal, ten cuidado, es posible que te vean como un microgestor o un líder que pretende ordenar y controlar a todas horas.

Si alguno de tus colaboradores está trabajando en casa y tú le envías este mensaje de texto: "¿Tienes un minuto?", ten la certeza que la mayoría de ellos te responderá que "sí", bien sea esto cierto o no, porque tú eres el jefe. La que podría ser una solicitud legítima de información de tu parte (pues en verdad necesitas saber si el destinatario de tu mensaje tiene tiempo para hablar contigo, pero no quieres interferir en sus actividades) parece no ser una opción de responderte con un no. Si lo que estás preguntando es: "¿Tienes tiempo para que hablemos?", lo más conveniente será que le informes a tu interlocutor en potencia que se trata de una solicitud cuya importancia es real. En lugar de escribir: "¿Tienes un minuto?", asegúrate de escribir algo como: "Tengo una reunión urgente y necesito pedirte cierta información. ¿Tienes tiempo para que hablemos en este momento o cuándo sería más conveniente para ti?". Sí, te demorarías un poco más escribiéndolo, pero estarías enviando un mensaje mucho más claro, mediante una pregunta más elaborada y no haciendo una demanda tácita.

Mensajería instantánea

La mensajería instantánea tiende a ser parte de un paquete de comunicación más grande y está diseñada para funcionar desde plataformas cruzadas. Por ejemplo, solo podemos enviar mensajes de texto desde nuestros teléfonos móviles; en cambio, podemos usar Slack (nuestra herramienta de mensajería instantánea) desde todos nuestros dispositivos digitales.

Aunque es fácil llamar la atención con un mensaje de texto y recibir o enviar una respuesta simple a una pregunta simple, la mensajería instantánea tiene varias ventajas:

- *Hay un teclado real.* Es posible que nuestros hijos tengan pulgares de doble articulación, pero la mayoría de nosotros escribiremos con más claridad y detalle en un teclado real.

- *Es menos probable que realices varias tareas a la vez.* Es fácil escribir y enviar mensajes de texto a medida que hacemos otras cosas, pero las conversaciones de mensajería instantánea prolongadas requieren de toda nuestra concentración.

- *Existe la posibilidad de desactivar la aplicación.* Cuando el mensaje no es urgente, la mensajería instantánea es más conveniente que un mensaje de texto, porque los usuarios tienen la opción de desactivar la aplicación. Por lo general, la gente ve la mensajería instantánea como algo relacionado con su trabajo y le resulta más fácil cerrar la aplicación y recibir los mensajes al iniciar sesión.

- *Está más integrada con el trabajo.* Las plataformas de mensajería instantánea te permiten acceder más fácilmente a archivos, correos electróniconicos y otras formas de transmitir información. Aunque puedes vincular documentos en texto, no hay duda de que es más fácil enviar un archivo adjunto por mensajería instantánea o pasarla a un documento en la pantalla de tu computadora y copiar y pegar.

En términos generales, la mensajería instantánea es ideal para generar conversaciones detalladas y sincrónicas que requieran hacer referencia a otra información.

Llamadas telefónicas y teleconferencias

Aunque el teléfono es la herramienta con la que "creciste" en el mundo empresarial, no siempre es la forma más eficaz de comunicarte. Los teléfonos son portátiles, hablar por ellos es rápido y obtienes señales verbales y vocales muy enriquecedoras. Además, ahora todo el mundo tiene su teléfono conectado las 24 horas del día, los 7 días de la semana.

También existen desventajas al usar el teléfono. A veces, tus contactos no te escuchan bien, reciben la llamada desde un lugar donde no pueden hablar abiertamente o están realizando múltiples tareas. También ocurre que no es tan fácil concentrarse durante los estruendosos anuncios de las aerolíneas cuando estás en el aeropuerto, en el momento en que estás ingresando al tráfico pesado de una autopista o cuando esperas que el barista anuncie que tu café con leche de soja con doble caramelo y sin espuma está listo.

Las teleconferencias son una herramienta notoriamente ineficaz cuando se trata de obtener la misma cantidad de información de todos los participantes en ellas o cualquier otra clase de información, pues suele ocurrir que siempre hay alguien que contribuye en exceso y no siempre se trata de las personas que saben del tema o de quienes tú necesitas saber algo específico. Por el contrario, es fácil para los presentes esconderse y no participar en absoluto. Este desafío es fácil de superar, pero solo si logras un compromiso activo de quienes intervienen en este tipo de comunicación.

Si bien no queremos descartar el teléfono o las teleconferencias de nuestra lista de opciones, sobre todo, por la velocidad que nos brindan y porque podemos llegar a las personas adecuadas, también es cierto que existen formas mejores y más enriquecedoras de llevar a cabo una reunión, como la siguiente herramienta en nuestra lista.

Los webmeetings

Estas herramientas se han convertido en muy buenas alternativas a las teleconferencias y a las conversaciones telefónicas individuales, con una salvedad importante: deben utilizarse de manera eficaz y, hasta la fecha, no siempre es posible hacerlo. Si aceptamos la sabiduría común de que las personas usan solo el 20% de las funciones disponibles, podemos asumir que estas herramientas están lamentablemente subutilizadas.

En el momento de escribir este artículo, hay en el mercado más de 100 herramientas de estilo webmeeting. No somos expertos en todas ellas y tú tampoco tienes por qué serlo. Solo necesitas saber que estas existen, que la mayoría de ellas tiene las mismas características esenciales en común y cómo ellas les agregan valor a tus reuniones. Estas características son:

- Cámaras web
- Tableros para anotar información vital y mejorar la lluvia de ideas y la colaboración recibida
- Chat para generar comentarios y asegurarse de que todos los participantes sean escuchados
- Posibilidad de realizar votaciones y encuestas
- Transferencia y guardado de archivos para compartir información en tiempo real

Si no conoce estas funciones, habla con alguien de tu organización o de tu equipo que sí sepa cómo utilizarlas bien. Si quieres implementarlas en tu trabajo diario, valdrá la pena conseguir que ese colaborador experto en el campo te sirva como mentor.

Aunque es importante que sepas que existen estas funciones, y que las uses para hacer que tu reunión sea lo más completa y colaborativa posible, no hay ninguna ley que diga que tú mismo debes *dirigir* todas y cada una de las reuniones. De hecho, ocuparse de las minucias de una reunión web puede ser una distracción que se traduce en mala gestión del tiempo y resultados poco satisfactorios.

Así es como nos impactan esas distracciones durante una reunión. Imagina que estás conduciendo por un lugar desconocido, buscando una dirección. Está lloviendo a cántaros. Entonces, ¿en qué te enfocas? Bajas la radio para poder ver mejor. Es natural, pues nuestro cerebro solo puede manejar cierta cantidad de estimulación y tendemos a desconectar las funciones que realmente no nos interesan en el momento. Con las reuniones web, es frecuente que decidamos usar la menor cantidad de funciones posible, porque nos sentimos abrumados. Sin embargo, esto evita que la herramienta entera nos sea tan útil como podría ser.

Incluso si sabes cómo va a ser tu reunión y cómo usar las diversas funciones para lograr esos objetivos, tiende a ser abrumador hacer tantos clics. En cambio, si le pides a uno de tus colaboradores que "conduzca", es decir, que se haga responsable de asegurarse de que todo lo que aparezca a tiempo en el tablero esté bien escrito y de que todos puedan ver las diapositivas, todo marchará bajo control y tú estarás más enfocado en transmitir el mensaje. De esa manera, tienes la libertad de escuchar activamente, de facilitar la interacción, de prestarles atención a los presentes, de darles la palabra según sea necesario y de permanecer concentrado en el tema en cuestión.

Es importante que comprendas el potencial de las herramientas que tienes a tu disposición y en las cuales hiciste una inversión (después de todo, tú mismo o alguien de la organización está pagando por ellas). No es necesario ser un maestro de la tecnología en sí. Importa menos quién presiona los botones que el hecho de lograr tus metas. Sin embargo, esto no sucederá si tú, como líder, no das un buen ejemplo de su uso.

Presentaciones en persona

La mejor forma de comunicación es la conversación en persona, uno a uno. El hecho de que haya medios por los cuales conectarte electrónicamente no significa que nunca más tengas que atravesar la ciudad o subirte a un avión. Analiza preguntas como estas: ¿Cuáles son aquellas circunstancias en que deberías reunirte en persona con los miembros de tu equipo? ¿Con qué frecuencia vale la pena invertir en ese esfuerzo de tiempo y dinero? Los dividendos que recibas a cambio podrían pesar más que el análisis directo de costo/beneficio. El hecho de que tu equipo sea remoto no significa que nunca vayas a estar frente a frente con ellos. Encuentra el presupuesto y los recursos que te permitan que esto suceda.

Cómo llegar a este punto

Hemos enmarcado este capítulo en términos de quién eres tú como líder y cómo y cuándo elegir las herramientas que vas a utilizar. Y, aunque todo esto es cierto, aquí estamos hablando de un equipo. Si deseas que la tecnología funcione de manera más eficaz para todos, entonces, todos deben formar parte de una conversación para hablar a este respecto. Los edictos de los mandos superiores hacia el resto del equipo que declaran "vamos a utilizar esta herramienta" generalmente encuentran resistencia. Funciona mejor si invitas a tu equipo a hablar sobre qué herramientas usar en qué circunstancias. A partir de una conversación concertada, ellos encontrarán aquellas que les funcionan y el equipo establecerá algunas reglas básicas o expectativas comunes sobre cómo y cuándo usarlas. De ese modo, obtendrás mayores niveles de participación y adopción de estas herramientas y habrá menos quejas en todos los sentidos. Ten en cuenta que es posible que algunas de esas decisiones no serán las que tú habrías elegido, ni con las que te sentirías más cómodo, pero *ese es tu trabajo*.

> Detente y piensa

- ¿Con qué herramientas digitales te sientes más cómodo?
- ¿Con cuales no te sientes tan cómodo?
- Si las usaras, ¿cómo podrían agregarle valor a tus mensajes y a tus esfuerzos por lograr un óptimo nivel de comunicación?
- ¿A quién elegirías como tu mentor para que te ayude a incrementar el uso de estas herramientas?

Resumen de la Sección Cuatro

¿Y qué?

- ¿En qué área estás logrando involucrar más a tu equipo de trabajo?
- ¿En qué área podrías mejorar la forma en que te relacionas con los miembros de tu equipo, sobre todo, con aquellos que trabajan a distancia?

¿Ahora qué?

- ¿Cuáles son los pasos de acción específicos que darás para involucrar a otros de manera más efectiva?
- ¿Cuándo empezarás?
- ¿Qué ayuda necesitarás?
- ¿Por dónde empezarás?

Sección 5

Comprendiéndonos a nosotros mismos

"La forma en que nos guiamos a nosotros mismos en la vida afecta la forma en qué guiamos a quienes nos rodean".

—Michael Hyatt, empresario y ex director ejecutivo de Thomas Nelson

Introducción

Hasta aquí, hemos hablado sobre dos de los tres enfoques del liderazgo: *(outcomes)* los resultados (hacia dónde vamos) y *(others)* sobre los otros (las personas que nos ayudan a conseguirlos). Ahora, hablaremos sobre el núcleo del liderazgo: nosotros mismos *(ourselves)*. Por varias razones, es más difícil hablar de esto.

- Como seres humanos, no somos muy buenos en el área de la autoconciencia.

- Tenemos ego. Algunas personas tienen opiniones exageradas sobre sí mismas y para otras su autoestima está en muy bajo concepto.

- Es incómodo hablar de nosotros mismos. De modo que, si te estás preguntando si esta sección es necesaria, te diremos que sí, que lo es.

Sumerjámonos en el tema.

Si crees en el liderazgo de servicio, entonces, sabes cómo ponerte a ti mismo en último lugar o, por lo menos, detrás de las otras partes involucradas. Como hemos mostrado, y según lo describe el Modelo de las Tres Os, estamos convencidos de que esta es la única forma eficaz de liderar. Llevado al extremo, concentrarte en los demás puede conllevar a descuidarte a ti mismo y terminar no cuidando de tu bienestar mental, físico y social. Si tienes días de vacaciones acumuladas o tu cónyuge se queja de que estás trabajando aun cuando estás de paseo en la playa, entonces, sabes a qué nos estamos refiriendo.

Si eres un líder del tipo "comando y control", la imposibilidad de saber siempre lo que está sucediendo y de asegurarte de estar de acuerdo con ello puede llegar a ser bastante frustrante y volverte loco. Por lo general, estás intentando recopilar información y datos, y esta actitud tuya interfiere, impidiendo que tu equipo se enfoque en realizar su trabajo. Es agotador tratar de mantenerte al día con cada detalle y nadie quiere trabajar para un microgestor. Además, este enfoque hace que cada vez sea mucho menos divertido trabajar contigo.

Lo peor de todo es que, si te esfuerzas por ser un líder servidor y tienes miedo de parecer demasiado controlador, tu equipo de trabajo terminará dudando de tus buenas intenciones y tú acabarás luciendo como un líder inconsistente, poco claro e indeciso.

Entonces, independientemente del tipo de líder que seas o aspires ser, no lograrás concentrarte 100% en obtener los resultados deseados, ni comprometerte por completo con tu equipo sin analizar y conocer la única constante: tú mismo. Un líder agotado a nivel físico, mental, y además socialmente aislado, no será eficaz.

Debemos ser honestos acerca de cómo estamos haciendo nuestro trabajo y cuidarnos. Si bien no pretendemos compararnos con Oprah, sí nos adherimos a uno de sus preceptos básicos: no es posible cuidar de los demás si no nos cuidamos primero a nosotros mismos. Si estás estresado y agotado física, espiritual y mentalmente, y no tienes verdadera conciencia de cómo estás impactando a los demás, no serás un líder eficaz sea donde sea que trabajen tu equipo y tú.

En caso de que aún no estés convencido de la importancia que tienes en la consecución de los resultados y en el liderazgo de otros, esta sección que sigue será determinante para ti como líder a larga distancia…

En nuestra encuesta con líderes, encontramos que la gran mayoría de ellos considera que hace un buen trabajo al liderar a distancia. Cuando hay desafíos, estos se reflejan en tres áreas principales:

- Al comunicarte y asegurarte de que tus mensajes se entiendan.
- Al asegurarte de conocer el estado del trabajo antes de que se acerquen los plazos para que el estrés sea menor y las probabilidades de éxito aumenten.
- Al hacer entrenamientos y gestión del desempeño.

Estas preocupaciones son una parte importante del trabajo del líder. Como mostró nuestra encuesta, muchos líderes pueden estar obteniendo los resultados correctos, pero viven preocupados con respecto a cómo apoyar a sus equipos y a no tener muy claro cómo su equipo percibe su desempeño como líderes.

Y, además, ¿quién quiere conformarse con un nivel de desempeño escasamente "bueno, la mayor parte del tiempo"?

14

Cómo obtener una retroalimentación honesta

> **Regla 14** Enfócate en los comentarios que más beneficien a los resultados que buscas, así como a los demás y a ti mismo.

"La retroalimentación es el desayuno de los campeones".

—Ken Blanchard, experto en gestión y autor en temas de liderazgo

Nicole quiere ser una líder eficaz. Ella trabaja duro, tratando de mantenerse al día con las últimas prácticas del liderazgo. Pero hay veces en que todo ese esfuerzo la deja frustrada y confundida. De modo que, muy a menudo, se cuestiona a sí misma, queriendo saber cómo le va y, al final del día, no tiene una idea clara de qué tan exitosa es, lo cual la deja aún más frustrada —y ese sentimiento de frustración afecta gravemente su confianza en sí misma.

Cuando trabajas separado de tus colaboradores, sueles carecer de la retroalimentación instantánea necesaria para funcionar a alto nivel. Como líderes, si no recibimos comentarios honestos y frecuentes de nuestra gente, nos es fácil entusiasmarnos con ideas erróneas o ignorar ciertos hechos que lo único que generan son inconvenientes.

Este rango de errores podría ir desde parecer tontos hasta tomar decisiones condenadas al fracaso. ¿Cuántas solicitudes les has hecho a los miembros de tus equipos que habrías cambiado de inmediato de haber estado viendo la expresión de terror manifestarse en sus caras ante semejante idea? Estando en la sala de conferencias, en tu oficina o en las de ellos, ves sus emociones reflejarse en sus rostros, pero por teléfono o por correo electrónico, no. Así las cosas, ¿qué mecanismos existen para obtener la información adecuada, que te conduzca a tomar buenas decisiones?

Generando ideas

El trabajo del líder es soñar en grande y a la vez preocuparse por las cosas pequeñas. Debido a que nuestro cerebro siempre está funcionando, generamos cientos de ideas por hora. Algunas son valiosas ("Deberíamos actualizar nuestra marca"), otras son reflexiones que pueden no llevar a ninguna parte ("¿Qué pasaría si abriéramos una oficina en Denver?") y muchas son cuestionamientos ("Las hamburguesas dobles son geniales, ¿verdad?"). Por eso, para ordenar nuestras ideas y decidir con cuál proceder, necesitamos retroalimentación.

Wayne trabajó una vez para alguien a quien él respetaba mucho. También temía cada vez que ella llegaba a la oficina desde fuera de la ciudad, porque muchas de sus conversaciones comenzaban con: "Entonces, venía leyendo este artículo en el avión...".

Inevitablemente, ella siempre terminaba leyendo algo que la hacía pensar a lo largo de su vuelo transcontinental. Entonces, se refería una y otra vez a esta nueva idea, acomodándola en diferentes escenarios mentales, mediante un "qué pasaría si". Siendo ella una persona positiva, comenzaba a ver las posibilidades e incluso a pensar en la implementación, los resultados y en cuán grande sería el éxito de su nueva idea. Cuando llegaba a la oficina de Wayne, estaba rebosante de entusiasmo a causa del nuevo plan y le pedía al equipo que empezara a trabajar en él de inmediato.

El problema era que siempre había planes nuevos y, si bien algunos de ellos eran excelentes, contradecían aún más las prioridades o iniciativas anteriores o generaban consecuencias que ella no evaluaba primero. Y, como era imposible decirle, "por el amor de todo lo sagrado, ¡deja de leer en los aviones!", Wayne tuvo que dar un paso al frente y decirle: "¿Podemos detenernos y pensar en esto por un momento?". A menudo, sus ideas terminaban siendo descartadas o, por lo menos, reducidas a instancias manejables. Contribuía el hecho de que ella era una persona razonable y abierta a los comentarios.

No te estamos sugiriendo que dejes de generar nuevas ideas o de entusiasmarte con ellas. Sin embargo, siempre es aconsejable compartirlas y obtener comentarios antes de decretar unilateralmente acciones que puedan intimidar, alienar o confundir a tu equipo.

Escucha las voces adecuadas

Por supuesto, no son solo voces positivas, orientadas a la acción y generadoras de ideas las que vienen a tu mente y llaman tu atención. También estás a merced de diálogos internos negativos y de un sentimiento de pesimismo que quieren desmotivarte o inmovilizarte. Sin embargo, cuando te sales de tus propios pensamientos y escuchas las ideas de los demás, es fácil superar tus pensamientos negativos, ya que, si estás solo la mayor parte del tiempo, no es fácil generar situaciones de interacción a no ser que sea de manera planeada e intencional.

Cuando tu equipo está a distancia, siempre requieres de esfuerzo de tu parte para hablar con ellos. Con demasiada frecuencia, las conversaciones se vuelven transaccionales y van al grano. Ya es bastante malo que los líderes no siempre pidan retroalimentación y que sea aún más frecuente que los miembros del equipo se resistan a brindarla, pero esta dinámica empeora en la distancia. Además, existe una diferencia entre estar solo y ser solitario. Los científicos afirman que estar a solas con nuestros pensamientos es bueno y útil; es innegable que necesitamos tiempo para pensar, soñar despiertos, relajarnos y refrescarnos. Aún así, el aislamiento prolongado suele tener un impacto grave en nuestro comportamiento, estado de ánimo e incluso en nuestra salud. Hasta los más introvertidos entre nosotros requieren de cierta interacción social. Este aislamiento, como ya hemos mencionado varias veces, debe ser una preocupación real para ti y también para todos los miembros de tu equipo a distancia. Por eso, debes estar atento y ser intencional al pedir retroalimentación no solo sobre tus ideas, sino también sobre cómo te está yendo en general.

Por último, como recordatorio: el lado oscuro de ser un líder dedicado y afectuoso es que es fácil descuidar tus propias necesidades a tal punto en que te preocupas tanto por los demás que no te cuidas a ti mismo como es debido.

Datos versus contexto

En nuestra encuesta, muchos participantes hicieron referencia al problema de obtener "buena información" para tomar decisiones y planificar la mejor estrategia posible. Es importante comprender que la información se presenta en dos formas: datos y contexto.

Los datos son relativamente fáciles de obtener. ¿Cuántas unidades vendimos el mes pasado? ¿A qué porcentaje de nuestros clientes le gusta nuestra última oferta? ¿Estamos atrayendo a las personas adecuadas a nuestra organización? Estas preguntas se pueden responder con números y es probable que tu equipo y tú puedan acceder a esa información sin importar dónde trabajen. La tecnología ha hecho que sea relativamente sencillo encontrar ese tipo de información cada vez que la necesitamos.

El contexto, por otro lado, traduce los datos sin procesar, convirtiéndolos en información que es realmente útil. Por ejemplo, si vendiste 2.500 celulares este mes, pero normalmente vendes 1.000, esa es una buena noticia. Ahora, si 5.000 es un mes normal, entonces, tienes problemas, pero, en esencia, se trata de datos comparados con otros datos. Pero ¿cómo se siente tu equipo con respecto a esto? ¿Los ves motivados y emocionados o desconcentrados y sin ninguna clase de motivación? Las acciones que realices y la forma en que te comuniques variarán mucho según sean sus reacciones.

¿Tu discurso tendrá la intención de inspirarlos a encender un fuego o a quemarlos, reduciendo su nivel de motivación a cenizas? Antes de enviar ese correo electrónico o llamar a una reunión de equipo, debes verificar en qué consisten tus suposiciones. La forma en que procesemos y respondamos tanto a los datos como al contexto determinará nuestras acciones y también las de aquellos a quienes lideramos. Pero, ¿dónde obtiene un líder ese contexto? Por lo general, proviene de comentarios de toda índole.

Solicitar comentarios te ayuda a comunicarte y liderar de maneras muchos más efectivas.

Como hemos dicho, cuando tienes la opción de caminar por los cubículos donde se encuentran trabajando los miembros de tu equipo, percibes sus estados de ánimo. En cambio, cuando te sientas en la oficina de tu casa, a quinientas millas del empleado más cercano, estás sacando conclusiones basadas en cómo tú te sientes con respecto a la situación, a lo que captas entre líneas en algunos correos electrónicos o en lo que escuchas durante esas conversaciones informales o a la ligera con los miembros de tu equipo. De modo que solicitar retroalimentación te ayudará a comunicarte y a liderar de manera mucho más efectiva.

Solicita información y comentarios

La reacción natural cuando te enfrentas a un desafío es contactar a ese pequeño grupo de personas en las que confías y preguntarles: "¿Tú qué opinas?". Ese es un buen comienzo, pero no es suficiente. Recuerda el desequilibrio del poder inherente. Si tienes una autoridad posicional sobre las personas, sus respuestas estarán, hasta cierto punto, afectadas por el hecho de que tú influyes en sus vidas de muchas maneras, incluyendo la autoridad que tienes para despedirlas.

El programa de televisión *Undercover Boss* lo demostró maravillosamente (aunque un poco doloroso para aquellos de nosotros en posiciones de autoridad). El director ejecutivo de una empresa se disfrazaba y se mezclaba entre los empleados de base de su empresa para ver cómo funcionaban realmente las cosas y aprovechaba para solicitar comentarios sobre su desempeño sin tener frente a sí la barrera de la autoridad posicional. Y, aunque los comentarios fueran buenos o malos, los líderes siempre se sorprendían por lo aprendido y se mostraban preocupados por la brecha existente entre su percepción de lo que estaba sucediendo en la empresa y la realidad del trabajo. Si bien existían algunas ventajas en beneficio de la marca de la empresa al participar en el programa, lo fundamental era que estos directores ejecutivos hacían un gran esfuerzo para obtener comentarios que, de otra manera, no habrían recibido nunca.

Este no es un concepto nuevo. *Las mil y una noches* habla de sabios sultanes que salían disfrazados por la noche para ver lo que en realidad sucedía en sus ciudades. Las lecciones son las mismas: no importa cuán benevolente y amado seas o creas ser, como líder, obtener retroalimentación honesta es complicado. Sin embargo, ¿de qué otra manera puedes verificar tus suposiciones, evaluar tus decisiones de manera más efectiva y liderar al máximo de tu potencial en beneficio tanto de los resultados *(outcomes)* como de los otros *(others)*?

Cuando solicites retroalimentación sobre tu liderazgo, ten siempre en cuenta lo siguiente:

- *Comenzar con la evidencia existente.* Antes de ir a las personas, revisa los archivos más relevantes, los correos electrónicos y las notas de las reuniones. ¿Cómo se siente la gente? ¿Qué están pensando sobre cómo te está yendo y las decisiones que estás tomando?

- *Identificar a las personas en las que confías.* No confundas esto con las personas que te agradan o que siempre te dicen que sí a tus ideas. Los asesores de confianza pueden provenir de muchas fuentes: personas que sabes que te dirán la verdad tal como ellas la ven independientemente del cargo que ocupan en tu equipo; aquellas que se preocupan tanto por ti como por tu éxito; compañeros de trabajo con experiencia técnica que tú no posees y cualquier otra persona con información de primera mano sobre áreas del trabajo que te interesan, como los empleados, los clientes o los proveedores. *Nota: Si esta lista de personas, especialmente en tu propio equipo, es pequeña, ¡tienes un problema! Revisa tu triángulo de confianza y sé honesto contigo mismo para ver por qué esto es así.*

- *Hacer preguntas abiertas.* Recuerda que no importa cuán sincera sea tu búsqueda, tú sigues siendo el jefe y estás preguntando: "¿Crees que esto funcionará?". Ya que estás preguntando, es de suponerse que crees que, cualquiera que sea el asunto, funcionará. Y, si estás frunciendo el ceño, tu equipo sabrá que te sientes escéptico y lo más adecuado será que ellos también se sientan igual. Una mejor forma de preguntar es: "Según lo que has escuchado, ¿qué funcionaría con respecto a esto? ¿Cuál sería el problema en este caso? ¿Cómo crees que responderá el público y por qué?". Haz preguntas verdaderamente abiertas y no presuntivas.

- *Utilizar la técnica PIN cuando busques comentarios.* PIN significa que los comentarios deben ser "Positivos, Interesantes y Negativos". Al tú utilizar esta técnica y animar a quienes te rodean a utilizarla, es más probable que obtengas opiniones más sinceras y que te sientas en mayor capacidad de aceptar toda clase de retroalimentación que recibas.

  ➢ *Positivo.* Se trata de que la retroalimentación describa los aspectos buenos o valiosos de una idea, situación o comportamiento. Al comenzar de manera positiva, la actitud a la defensiva de quien la recibe surge con mucha menos frecuencia y, como consecuencia, la efectividad de la retroalimentación mejora y genera una pronta aplicación de la opinión recibida.

> *Interesante.* Dado que la situación o la idea pueden ser complejas, es importante evaluarlas un poco más; aquí es donde es crucial generar confianza al interior de la conversación dentro de la cual se recibe la retroalimentación. Hablar de los aspectos interesantes es una forma neutral de identificar cosas que no sabemos o suposiciones que la gente tenga al respecto sobre aquello que va a opinar.

> *Negativo.* También es necesario manifestar las objeciones, preocupaciones y posibles consecuencias negativas de una idea, acción o comportamiento. Una vez las personas observan que se les han reconocido los aspectos positivos, tienden a estar más dispuestas a escuchar las objeciones o los obstáculos.

Esta técnica funciona mejor con el tiempo y con frecuencia es necesario ajustarla a las circunstancias. Si respondes de esta manera a las preguntas que te hagan, con el tiempo, esta será la forma en que tu equipo se comunicará.

- *Haz que estas conversaciones sean lo más enriquecedoras posible.* Tú sabes que, cuando te comunicas con otros por teléfono, no puedes ver el brillo en sus ojos o si los están girando en señal de impaciencia a medida que hablas. Por lo tanto, si de verdad deseas recibir comentarios y opiniones, tómate el tiempo para elegir y utiliza las herramientas electrónicas de la forma en que hemos venido comentando. Programa la conversación, aparta el tiempo suficiente para ella y haz el mejor uso posible de las herramientas que tengas a tu disposición. Utiliza tus cámaras web, la posibilidad de hacer llamadas telefónicas y demás herramientas apropiadas para este tipo de reuniones.

- *Espera el momento indicado para conversar.* Si lo que está en juego es importante, los involucrados en la conversación suelen pensar mejor tanto antes como después de hablar contigo. Entonces, si deseas obtener una buena perspectiva por parte de tus colaboradores, ellos necesitarán tiempo para preparar lo que van a decirte (las conversaciones repentinas no siempre nos dejan pensar con profundidad, ya que, por lo general, siempre estamos involucrados haciendo otras cosas). Por lo tanto, pueda que la conversación ocurra de una manera honesta y sincera, pero ¿con qué frecuencia has colgado el teléfono para después caer en cuenta de que hay algo en lo que no habías pensado o que deberías haber dicho las cosas de otra manera? El uso de métodos asincrónicos como el correo electrónico (o mejor, las carpetas o los documentos compartidos donde el equipo puede actualizarse en cualquier momento, pues son de fácil acceso) permitirán que tus colaboradores les agreguen valor a sus pensamientos iniciales. Además, les da la oportunidad de repasarlos y reevaluar cómo estuvo su retroalimentación.

Una de las mejores formas de desarrollar tu autoconciencia como líder es mediante la Evaluación 360. Esta es una forma de recopilar comentarios anónimos provenientes de tu equipo, tus compañeros y tu(s) jefe(s) y, si quieres, puedes incluir en ella partes externas que te interesen, como clientes y proveedores. Muchas organizaciones ya la hacen como parte del proceso de evaluación del desempeño. Al respecto de esta evaluación, hay un par de advertencias:

- Debe ser verdaderamente anónima.
- Los datos que obtengas serán tan buenos como las preguntas que hagas.

Por esta razón, muchos líderes y organizaciones recurren a terceros para realizar este tipo de evaluación. Kevin Eikenberry Group ofrece este servicio, pero también lo hacen cientos de otros consultores y organizaciones capacitadas para ello. Creemos que el proceso y la capacitación que van junto con ella son más importantes que la evaluación en sí misma, no porque las preguntas no importen, sino porque hay muchos buenos instrumentos para realizarla. El proceso puede parecer lento, pero los sultanes de la industria y muchos otros "jefes encubiertos" han comprobado que los resultados pueden ser bastante reveladores.

Detente y piensa

- ¿Estás recibiendo suficiente retroalimentación?
- ¿Qué tan seguro estás de la calidad de esa retroalimentación?
- ¿La pides habitualmente?
- ¿Quién te daría una retroalimentación honesta?
- ¿Qué tan abierto estás a recibir retroalimentación?

15

Tus creencias y tus diálogos internos

> **Regla 15** Examina en qué consisten tus creencias y cuál es tu diálogo interno, pues estos definen tu forma de liderar.

"La autoestima es la reputación que adquirimos con nosotros mismos".

—Nathaniel Branden, autor

Nathan había sido un magnífico y exitoso colaborador y fue ascendido a la categoría de liderazgo. Aunque dudaba de sus habilidades, estaba dirigiendo a su equipo a que hiciera su trabajo como él lo había hecho, de modo que sentía que estaba ejerciendo su función de liderazgo bastante bien. Los líderes superiores observaron que Nathan lo estaba haciendo mejor que lo que él creía y lo promovieron nuevamente. Ahora, se encuentra liderando equipos en tres países, haciendo un trabajo que él nunca había hecho. Por esa razón, permanece despierto en la noche, preguntándose si en realidad está a la altura del desafío que tiene frente a él, presintiendo que, en cualquier momento, quedará expuesto como persona no apta para realizar ese trabajo. Así que se pregunta si alguna vez podrá tener éxito en medio de esta situación.

Los buenos líderes requieren de una autoimagen saludable. Después de todo, si la mayoría de las veces no confías en que vas por buen camino, si sientes que no serás capaz de lograrlo y que no eres la persona adecuada para el trabajo que te asignaron, nunca llegarás a ocupar una verdadera posición de liderazgo. Sin embargo, a menos que seas un sociópata completo, las voces en tu cabeza no siempre son positivas, ni 100% de apoyo.

¿Recuerdas *Pinocho*, la película de Walt Disney? Uno de los personajes heroicos de esa película es Pepe Grillo. Aunque a menudo sonaba como un molesto intruso, siempre estaba allí para recordarle al protagonista que, si se comportaba de ciertas maneras inadecuadas, nunca se convertiría en un niño de verdad. A veces, Pinocho lo escuchaba; a veces, no, pero al menos, no se guiaba tan solo por los caprichos desenfrenados de su corazón de madera.

En esencia, Jiminy era un *auriga*. El auriga era el sirviente del emperador romano cuyo trabajo, según la leyenda, consistía en estar detrás de él durante los grandes eventos públicos y susurrarle, *"memento homo"*, que significa "recuerda, eres solo un hombre", de modo que ni la veneración que le brindaba la multitud, ni lo grandioso de su poder se le subieran a la cabeza. Esta labor no hizo populares a los aurigas, pero su trabajo era valioso.

¿Qué hubiera pasado si los aurigas hubieran sido totalmente negativos, diciendo cosas como, "Eres un idiota, no le agradas a nadie", en lugar de hacer advertencias saludables y necesarias, como, "¿Estás seguro de que quieres hacer eso?". De lo contario, ¿qué tan motivados habrían estado los emperadores para tomar decisiones difíciles o implementar algún tipo de cambio trascendental? Demasiado pesimismo y "programación" hubieran cambiado la forma en que ellos lideraron y los resultados habrían sido 100% diferentes.

Como verás, aquello que creemos sobre nosotros mismos determina qué tan exitosos llegaremos a ser. Además, adquirimos y reforzamos nuestras creencias según la forma en que nos hablamos a nosotros mismos. Hacer preguntas y verificar nuestras suposiciones no solo es natural, sino también necesario. Atropellarnos a nosotros mismos y concentrarnos en lo negativo es terriblemente destructivo. La buena noticia de hablar con nosotros mismos es que, en cualquier momento, podemos cambiar tanto el estilo como el contenido de la conversación que estemos teniendo, sea cual sea.

Las siguientes son algunas señales de advertencia de que tu diálogo interno va en una dirección poco saludable, junto con la forma de encaminarlo por un rumbo más positivo:

- *"Eres un idiota. Esa es la peor idea que has tenido".* ¿En serio? ¿Siempre? En momentos como este, está bien volver a los tiempos de la escuela secundaria y preguntarte: "¿Lo dice quién?". Si te toma esta pregunta en serio, retomarás un buen rumbo. ¿Qué evidencia tienes para apoyar o negar tu idea o premisa? En primer lugar, es muy poco probable que seas un idiota. Y es aún más seguro que esta no sea la peor idea en toda la Historia Universal.

- *"No puedo hacer esto".* Las palabras que usamos importan. "No puedo" es una declaración de hecho. "No se puede hacer" es una frase que desafía las leyes naturales del mundo físico (por ejemplo, *no puedo* levantar un elefante con mis propias manos). Ahora, decir que "no puedo" golpearte con una pala no es literalmente cierto (porque soy físicamente capaz de hacerlo), pero no es una buena idea. Cuando te sientas frustrado hasta el punto de decir que "no puedes" hacer algo, cambia esa frase por: "Todavía no he descubierto cómo hacer…" o "Hasta ahora, no he podido hacerlo". Estas son declaraciones 100% diferentes. Al cambiar tu léxico estás reconociendo que tienes dificultades, pero que aún abrigas la posibilidad de tener éxito, lo cual cambia tu motivación interna. También sugiere que quizá necesitas la ayuda de otros. A lo mejor, el problema que estás tratando de resolver requiere de una solución diferente, pero, cuando estás atrapado en "no puedo", es difícil identificar cuál es el camino a seguir. Es absolutamente imposible levantar un elefante con las manos, pero si lo que deseas es ver un paquidermo en las alturas, bien puedes usar una polea y unas cuerdas. El hecho de que la forma en que lo estés intentando no te funcione no significa que el objetivo sea inalcanzable. Solo significa que debes dejar de hacer lo que estás haciendo y echarles un vistazo a otras posibilidades. Lo mismo ocurre con palabras como "no", "nunca" e "imposible".

- *"Soy un fraude y seré el hazmerreír".* Se estima que este sentimiento, conocido como "síndrome del impostor" afecta a más del 70% de los líderes[1]. Las siguientes son algunas técnicas simples para ayudarte a abordar ese monstruo:

    > *Verifica tus suposiciones.* Reconoce tus "no puedo" por lo que son. En caso de duda, pregúntate: "¿Lo dice quién?".

    > *Acepta como válida la retroalimentación positiva que recibas.* Cuando las personas te digan lo inteligente o capaz que eres, créeles y no descartes, ni minimices sus comentarios. ¿Por qué lo dirían si no vieran algo positivo en ti?

    > *Consigue ayuda.* Recuerda que incluso los mejores y más brillantes genios acuden a los demás en busca de ayuda, comentarios y respuestas.

    > *Ten en cuenta tus éxitos pasados.* Has tenido éxitos en el pasado, así que tendrás más en el futuro. Piensa en un desafío similar al que estés afrontando y en cómo lo resolviste.

> *Trátate como tratarías a cualquier otra persona competente.* No aceptes comentarios de ti mismo que no le harías a nadie. ¿Le dirías a alguien que es "totalmente inútil" o algo peor? Lo más probable es que no, porque solo empeorarías las cosas y no abordarías el verdadero problema. ¿Eres tú diferente a los demás?

- *"Hasta ahora, he tenido suerte".* Las Vegas se basa en una premisa simple: "La suerte solo te lleva hasta cierto punto, pero realmente no existe tal cosa llamada suerte". No denigres de tu buen desempeño, ni de tus éxitos pasados.

Cuando notes que estás atascado en medio de este tipo de diálogos internos negativos, te servirá tomar un buen descanso. Sal a caminar o disfruta de alguna actividad que no requiera de demasiada capacidad intelectual. Tómate un tiempo para reflexionar sobre tus éxitos pasados y hazte preguntas positivas. La técnica PIN descrita en el capítulo anterior funciona tanto para nosotros como para los demás. ¿Por qué tratar a otras personas mejor que a ti mismo?

Otra forma sencilla de abordar el diálogo interno es dejar de hablarte a ti mismo y hablar con otras personas. Programa una llamada de entrenamiento con alguno de tus colaboradores que la necesite. Ponte en contacto con antiguos colegas, quienes lo más seguro será que te recordarán la gran estrella de rock que eras cuando trabajaban juntos. Llama a tu mamá — escuchar una voz que se alegra de escuchar la tuya es un estímulo instantáneo.

En síntesis, necesitas hacer un esfuerzo consciente para acercarte a otras personas, sobre todo, cuando te sumerges en lo profundo de la negatividad, pero hasta la interacción social más casual te sacará de tus propios pensamientos y te permitirá renovar tu fortaleza y mejorar tu autoestima.

Detente y piensa

- ¿Qué opinas acerca de ti mismo como líder?
- ¿Cómo estas opiniones contribuyen u obstaculizan tu progreso y tu éxito?
- ¿Con qué frecuencia el diálogo interno negativo interfiere en tú nivel de autoconfianza y en tu capacidad para tomar decisiones?
- Cuando te ves atrapado en medio de un diálogo interno negativo, ¿qué puedes hacer para reenfocarte de inmediato y retomar tu energía positiva?

16

Establece límites razonables

Regla 16 Acepta que tú no puedes hacerlo todo solo.
Ni siquiera deberías intentarlo.

"No existe nadie cuya vida sea completamente equilibrada.
Es una decisión consciente saber elegir tus prioridades todos los días".

—Elisabeth Hasselbeck, copresentadora de *The View*

Allison es una esposa y madre de dos niños pequeños. Ha trabajado duro para convertirse en directora de proyectos y está orgullosa de sus logros. Vive en Chicago y su último proyecto involucra a equipos en Nueva York, San Francisco y Nueva Delhi. Debido a la geografía, la comunicación es un desafío para ella. Hablar con cualquier miembro del equipo requiere ajustarse a las diversas zonas horarias y significa que alguien, por lo general, ella, está trabajando fuera de su horario normal. Estas demandas son duras para sus hijos y su cónyuge y *ella también quiere* pasar más tiempo con ellos. Se siente agotada y sabe que, si quiere conservar su trabajo —y su vida familiar—, tendrá que encontrar la manera de manejarlo todo de una manera más eficaz.

La lista de clichés sobre liderazgo que nos decimos es larga. Aquí hay solo tres:

- "No le pediría a mi equipo que hiciera nada que yo no esté dispuesto a hacer".
- "La pelota se detiene aquí".
- "Puede que no lo haya hecho, pero soy responsable de ello".

Hay verdad en cada uno, por eso son clichés. El problema es que, en el mundo de hoy, el trabajo nunca se detiene. Escuchamos que el negocio rueda "las 24 horas al día, los 7 días a la semana, los 365 días al año". Es posible que el negocio nunca se detenga, pero tú eres mortal y no puedes trabajar de esa manera.

No discutas —no puedes, incluso si lo intentas.

Uno de los mayores desafíos que enfrentas es encontrar el equilibrio entre ser responsable con tu organización y tu gente y cuidarte a ti mismo para que puedas ser altamente efectivo en tu rol de liderazgo y plenamente funcional como ser humano, cónyuge, padre, socio, vecino y miembro productivo de la sociedad.

En la década de 1950, se hablaba mucho de "el hombre del traje gris", el estereotipado hombre de negocios neoyorquino que gastaba toda su energía en los negocios, yendo o viniendo de la oficina, que nunca renunciaba a su labor cuando llegaba a casa[1]. Esto a menudo resultó en la desintegración de su familia y, en última instancia, de su vida. Pero en ese entonces, todos los negocios se llevaban a cabo en una misma ciudad o zona horaria y no existían los correos electrónicos, ni los teléfonos celulares, por lo que la jornada laboral finalmente terminaba.

Ahora, los días parecen mezclarse unos con otros. Justo cuando la oficina de Boston cierra por la noche, necesitas concentrarte en la de San Francisco y luego está el representante en Singapur con el que debes hablar y quién sabe qué hora es en Bangalore, pero si la gente de Boston necesita hacerte una consulta, tendrás que responderles y… este mismo ciclo se repite una y otra vez.

Nuestra encuesta reveló que muchos líderes se sienten muy mal por no saber cómo establecer límites en torno a su tiempo personal. No lo hacen para poder responder las llamadas telefónicas y los correos electrónicos de sus colaboradores, pues ellos confían en sus líderes. Sin embargo, los líderes saben que no les están prestando la debida atención a otras partes importantes de su vida, como lo son su familia y su tiempo de descanso. El hecho es que no importa lo que ellos hagan, siempre parecen estar decepcionando a alguien, incluso a sí mismos.

Uno de los desafíos importantes del nuevo lugar de trabajo virtual a distancia de hoy es cómo ser accesible para tu equipo sin dejar de mantener el equilibrio en tu vida personal. Trabajar desde casa te permite estar en proximidad física con tu familia más a menudo, pero ¿cuenta eso cuando tienes que responder un correo electrónico durante el partido de fútbol de tu hijo y te pierdes su gol de la victoria? Una cosa es decirte a ti mismo "simplemente, no respondas correos electrónicos" o "no estás en horario de trabajo, así que deja de trabajar", pero solo decirlo no es tan útil. Los buenos líderes tienen altas expectativas para sí mismos que dificultan encontrar el equilibrio entre el trabajo y el resto de la vida.

Wayne trabajaba para una empresa con una gran lista de contratistas repartidos por todo el país. En una ocasión, les estaba pidiendo que aceptaran un trabajo, pero ellos se lo rechazaron. "Pero no les pediría que ustedes hicieran nada que yo no haría", fue su respuesta exasperada. Uno de ellos se detuvo y le dijo: "Sí, pero ¿acaso hay algo que tú no harías?". La pregunta era válida: ¿cuáles eran los límites de su voluntad de trabajar? Así, Wayne comprendió que había establecido muy pocos límites laborales y que estaba haciendo muchas cosas que ponían a prueba tanto su salud como sus relaciones. Es cierto que no le estaba pidiendo a la gente que hiciera algo que él no estuviera dispuesto a hacer, pero ¿estaba él dispuesto a hacer cosas que nunca le pediría a nadie más? ¿Y debería hacerlas?

¿Cómo puedes asegurarte de cuidar tu tiempo personal, tus responsabilidades familiares y tu salud en general mientras cumples con tus deberes laborales? Cuando pones la vara alto en tu vida, esta se convierte en la vara alta para todos los que te rodean. Recuerda, no todos tienen que trabajar con la misma intensidad que tú y tu comportamiento podría no ser el más aconsejable de imitar. Ten presente que los miembros de tu equipo a distancia tienen menos comportamientos que observar y que, por esa razón, todas tus acciones, te guste o no, se amplifican. ¿Qué están viendo y amplificando ellos en su propio comportamiento?

Comencemos con esas responsabilidades y con una dura verdad: si tú eres tan indispensable para la organización que esta no funciona sin ti durante unas horas o días, entonces, estás haciendo mal tu trabajo. Deja a un lado tu ego por un momento y hazte esta simple pregunta: *"Si un autobús me atropellara mañana, ¿cómo funcionaría mi equipo?"*.

Si tú eres tan indispensable para la organización que esta no funciona sin ti durante unas horas o días, entonces, estás haciendo mal tu trabajo.

Hay mucho poder en esa pregunta, porque te obliga a mirar todas aquellas cosas que invaden tus límites.

- *¿Sabe tu equipo lo que debería estar haciendo?* Si tus colaboradores acuden a ti una y otra vez en busca de decisiones o aprobación, identifica cuáles son las posibles razones por las que esto está ocurriendo. Si ellos no saben lo que deberían estar haciendo, es probable que sea hora de capacitarlos o entrenarlos. Si lo saben, pero vienen a ti de todos modos, ¿es porque les falta confianza? ¿O los estás cuestionando tanto que ellos deciden que es más fácil preguntarte primero? Asegúrate de que tu equipo esté capacitado y listo para tomar buenas decisiones y actuar.

- *¿Eres la única fuente de respuestas?* A menudo, las personas acuden a su jefe en busca de información, pero eso suele deberse a que ellas no saben a dónde más ir o no confían en otros recursos. Como líder, ¿estás ayudando a tus colaboradores a comprender dónde encontrar la ayuda que necesitan y alentándolos a obtenerla? O, cuando te preguntan, ¿respondes desde el ego o porque quieres ayudar? Si no los estás animando a depender el uno del otro, los estás haciendo más dependientes de ti. Si aún no tienes un centro de recursos asincrónico en línea (archivos compartidos, SharePoint, algo ...), tal vez, sea el momento de organizar uno.

- *¿Tienes a las personas adecuadas en los roles adecuados?* Si cierras la sesión por la noche y te preocupa que Alice en Dallas no pueda manejar las cosas durante una o dos horas, ¿qué vas a hacer al respecto? Necesitas ayudar a Alice a llegar al punto en que tu confianza en ella te permita dormir por la noche o, de lo contrario, conseguir a alguien que sí haga ese trabajo a cabalidad. Si no confías en las personas que están en el lugar para hacer su trabajo, compensarás sus deficiencias involucrándote tú mismo en exceso —y ahí terminará tu ida al gimnasio.

- *¿Respetas tu tiempo libre?* Una cosa es decir que no revisarás correos electrónicos a las 2:00 a.m., pero otra muy distinta es hacerlo. Si no vas a estar disponible durante tres horas, porque vas a asistir al concierto de Navidad de tus niños, ¿tu equipo sabe que no estarás en contacto? No necesitan saber por qué (aunque puede que no sea una mala idea y que ese sea un buen modelo a seguir para ellos), pero si usas tus actualizaciones de estado, mensajes de correo de voz y otras herramientas para que la gente sepa lo que está pasando, eliminarás un estrés innecesario para todos. Si ellos están seguros de que te comunicarás en el momento oportuno, lo más probable será que no te envíen un mensaje instantáneo, ni un mensaje de texto, ni un correo electrónico, *ni* una paloma mensajera en busca tuyo. Además, si respondes correos electrónicos en momentos inusuales, por cualquier motivo, infórmales que no esperas lo mismo de ellos —y que no esperas respuestas inmediatas a los tuyos.

- *¿Estás respondiendo correos electrónicos y llamadas telefónicas durante las vacaciones?* Muchos de nosotros intentamos tomarnos un tiempo para responder correos electrónicos incluso cuando estamos de vacaciones. El problema es que, si nos desconectamos periódicamente, aumentaremos nuestro estrés o nuestro sentimiento de culpa por no estar disponibles y también por no recibir los beneficios de ese tiempo de descanso. Si vas a trabajar durante las vacaciones, simplemente, estarás trabajando de forma remota desde la playa.

Observa los procesos y el flujo de trabajo de tu organización. ¿En cuáles te involucras sin necesidad? ¿Hay momentos en los que no eres indispensable en el proceso? Si no los hay, ¿podría haberlos? ¿Quién más en tu organización podría asumir algunas de esas responsabilidades?

Ya hablamos de delegar en el Capítulo 8, pero vale la pena mencionar este aspecto una vez más. Cuando delegas con éxito, estás configurando a tu equipo para que tenga éxito y además te estás dando la libertad de establecer límites personales saludables.

Detente y piensa

- ¿Sientes que has establecido buenos límites (defendibles) entre tu trabajo y tu tiempo personal?
- Específicamente, ¿qué actividades invaden ese tiempo?
- ¿Cómo podrías reducir el tiempo dedicado a esa actividad?
- ¿Qué actividades realizas actualmente que podría realizar otra persona?
- ¿Quién es esa persona?
- ¿Qué se necesitaría para asignarle esa responsabilidad y garantizar el éxito?
- ¿En qué momento le informarás al resto de tu organización sobre esto?
- ¿De qué modo harás que se respete tu decisión sobre este cambio?
- ¿Qué más ayudas necesitas?

17

Establece prioridades personales

Regla 17 Equilibra tus prioridades de tal modo que te conduzcan a ser un gran líder a distancia.

"Aprendí que podemos hacer cualquier cosa, pero no podemos hacerlo todo… al menos, no al mismo tiempo. Por lo tanto, piensa en tus prioridades, no en términos de las actividades que realizas, sino de cuándo las realizas. El tiempo lo es todo".

—Dan Millman, autor

Donald es un gerente de ventas con experiencia que se convirtió en vicepresidente de ventas internacionales. Para él, este trabajo es estimulante y se siente orgulloso de estar alcanzando sus metas profesionales. Dado que sus hijos han crecido y se han mudado a su propia casa, él debería tener suficiente tiempo para hacer su trabajo sin distracciones. Sin embargo, no se siente tan bien como debería. Físicamente, está agotado y ahora, en la época de mayor actividad del año, se siente apático y no tan entusiasmado como sabe que debería estar. Su equipo se queja de que él los está haciendo trabajar demasiado duro y de que no escucha sus preocupaciones. Por su parte, Donald ha modificado sus planes de vacaciones ya dos veces y su esposa no se siente más feliz que los miembros de su equipo. Este debería ser el punto culminante de su carrera, pero es un hecho que no parece que así sea.

Si todavía estás leyendo este libro, estamos seguros de que, en lo último que estás pensando es en ti mismo. Como mencionamos a lo largo de estas páginas, los resultados *(outcomes)* y los otros *(others)* están antes que nosotros como líderes. Sin embargo, eso no significa que tengamos que renunciar a nuestra humanidad, ni a nuestra salud o a nuestra cordura. Existe una diferencia entre la autoconservación y el egoísmo.

Existe una diferencia entre la autoconservación y el egoísmo.

Empecemos por los valores. Tus valores determinan cómo decides qué es lo realmente importante para ti. Nuestro objetivo no es sugerirte cuáles han de ser tus valores, sino instarte a que tú tengas claro cuáles son.

Entonces, ¿qué es importante para ti?

Cuando te hagas preguntas sobre lo que es importante para ti y te las respondas con sinceridad, comenzarás a ver que las barreras que se te presentan para administrar tu tiempo son, en su mayoría, creadas por ti. Todos tenemos la misma cantidad de tiempo; la pregunta es cómo usas el tuyo. Como dice Kevin en *Remarkable Leadership,* la administración del tiempo en realidad es una administración de opciones. Si no tienes claros tus valores, no sabrás tomar decisiones claras sobre cómo usar bien tu tiempo.

Conocer tus valores te permite priorizar tus actividades. Por ejemplo, si necesitas equilibrio espiritual, trabajar en los informes financieros los domingos sería una mala decisión. Si necesitas hacer ejercicio físico para sentirte feliz y productivo, ve al gimnasio; ese tiempo que dispones para ti mismo no tiene por qué arruinar todo el buen trabajo que haces durante la semana.

No estamos diciendo que hacer los cambios necesarios para recuperar el control de tu tiempo sea fácil. En primer lugar, debes ayudarles a tus colaboradores a comprender cuál es la mejor manera de trabajar contigo. Por ejemplo, si la bandeja de entrada de tu correo electrónico se ha vuelto inmanejable, anímalos a que te ayuden a priorizar tus mensajes. Cuando sea absolutamente necesario que los leas y respondas, ellos deberán escribir tu nombre en la línea "Para". En cambio, si solo van a enviarte información sobre asuntos que simplemente te mantienen al tanto o que no requieren de una acción inmediata de tu parte, deberán colocar tu nombre en la línea "cc". Esta clave te ayudará a dedicarles tu tiempo a cosas importantes y tu equipo no esperará que respondas a todo lo que ellos te envían.

Aunque se trata de ti, necesitarás ayuda y apoyo para realizar estos cambios. Pídeles a personas de confianza que te ayuden a administrar tu tiempo. Verás que la mayoría estará feliz de hacerlo. Si necesitas un socio responsable, busca uno. Si tu objetivo es dejar de responder correos electrónicos en medio de la noche, pídele a alguien de confianza que te llame y te avise al respecto. Pero recibir un correo a las 2:00 a.m. para darte las "gracias" no es algo que necesites leer a esa hora.

Si aún no lo has hecho, elabora una lista de las cosas que son importantes para ti y pregúntate: "¿Estoy satisfecho con el tiempo que les dedico?". Si la respuesta es no, intenta identificar pequeños espacios de tiempo y dedícalos a hacerlas. Los elementos típicos de esta lista suelen ser:

- Ejercicio físico
- Tiempo con mi cónyuge
- La hora de dormir de los niños (o el juego de pelota o el recital)
- Prácticas espirituales
- Tiempo con amigos
- Lectura y autodesarrollo
- Practicar mis pasatiempos

Los pasatiempos y el tiempo libre no estructurado son más importantes de lo que crees. Las actividades que alejan tu cerebro del trabajo a menudo despertarán algunas de tus mejores ideas, te harán más feliz y tu vida será más fácil de disfrutar. Si lo tuyo es la música klezmer albanesa, ve a un concierto. Únete a una banda. Apaga tu teléfono en el automóvil y pon tu música hasta que te sientas mejor. No es necesario que esto que haces tenga sentido para nadie más. Kevin está obsesionado con los tractores John Deere. En serio, para él no existe nada más. Va a subastas y reduce la velocidad cuando ve algo verde en un campo. El equipo se burla de él por eso, pero esa entretención lo hace una persona más feliz y equilibrada. Lo que sea que te haga feliz es de gran valor para ti, así que tómatelo seriamente.

Nada de esto es información nueva y no queremos parecer triviales. Pero el hecho de que ya hayas escuchado esto antes no significa que te sientas cómodo protegiendo tu tiempo personal y tu energía. Si así fuera, ya habrías logrado un mayor equilibrio en tu vida y estarías menos estresado. Tienes que darte a ti mismo ese mismo permiso para interactuar contigo mismo que le darías a cualquier miembro de tu equipo. Tómatelo tan en serio como te relacionas con la organización y con otros, y por las mismas razones.

Detente y piensa

- ¿Cuál es la meta de la que más orgulloso te sientes como líder?
- ¿Qué es aquello en tu vida personal de lo que más orgulloso te sientes y que no tiene nada que ver con tu trabajo?
- ¿Qué es aquello en tu vida personal en lo que deberías invertir más tiempo y no lo estás invirtiendo?

Resumen de la Sección Cinco

¿Y qué?

- ¿Qué tan preparado te sientes para ayudarles a otros a alcanzar los resultados deseados?
- ¿Cuál es esa área en la que necesitas mejorar la forma en que cuidas de ti mismo para luego ser de más ayuda para los demás?

¿Ahora qué?

- ¿Qué acciones específicas podrías poner en práctica para ser un líder a distancia más seguro?
- ¿Cuáles son los pasos de acción específicos que necesitas dar para cuidarte más?
- ¿Cuándo empezarás?
- ¿Qué ayuda necesitarás?

Sección 6

Formando líderes a distancia

18

Preguntas sobre cómo formar líderes a distancia

Regla 18 Asegúrate de que tu experiencia en el campo del liderazgo te sirva para preparar grandes líderes a distancia.

"La máxima vocación del liderazgo es el crecimiento y desarrollo de las personas".

—Harvey Firestone, fundador de Firestone Tire and Rubber Co.

Audrey trabaja en el departamento de formación de una empresa de tecnología internacional y se encuentra luchando con una paradoja. Por un lado, hay solicitudes de líderes y gerentes individuales que desean ayuda para adaptarse a las diferencias propias de ser líderes a distancia. Por otro lado, la alta gerencia está reduciendo los presupuestos de capacitación y se pregunta por qué los esfuerzos actuales de desarrollo de liderazgo no son más efectivos. Por su parte, ella se pregunta si en verdad la empresa necesita deshacerse de toda esa capacitación de liderazgo heredada o si es posible encontrar una manera de ajustar sus esfuerzos actuales sin tener que reinventar la rueda.

Al comienzo del libro, prometimos ayuda para aquellos de nuestros lectores que son responsables de formar líderes a distancia en sus organizaciones.

Bien sea que te desempeñes como un gerente individual que intenta aumentar las capacidades de liderazgo de su equipo o que estés a cargo del aprendizaje y el desarrollo de una gran corporación, queremos compartir contigo algunas estrategias y guías adicionales para crear un plan que esté enfocado en el crecimiento de grandes líderes a distancia.

Al analizar en qué consiste la formación del liderazgo, creemos que hay tres pares de preguntas cruciales que necesitamos responder:

- ¿Qué tipo de organización quieres ser? ¿Tu cultura empresarial actual coincide con esta visión?
- ¿Qué comportamientos esperas de tus líderes a distancia? ¿Qué falencias observas en cuanto a sus habilidades?
- ¿Cuál es tu plan para formar y apoyar a tus líderes a distancia? ¿Cómo apoyará la organización a los miembros del equipo que trabajan a distancia?

Analicemos cada una de ellas con más detalle…

¿Qué tipo de organización quieres ser?
¿Tu cultura empresarial actual coincide con esta visión?

Tener una idea clara de cómo encaja una fuerza de trabajo remota en la cultura que deseas crear es una cuestión importante. Como dijimos al principio del libro, planeado o no, tienes una fuerza laboral remota o dispersa; ese barco ya zarpó. Por lo tanto, te alentamos a que des un paso atrás y pienses cómo eso impacta y contribuye a tu cultura empresarial ahora y en el futuro.

Toda empresa tiene una cultura. Esa es una frase muy suave, parecida a la de un consultor, lo sabemos. Así es como definimos la cultura de una empresa: "La forma en que hacemos las cosas aquí". No hace falta mucha intuición para darse cuenta de que, cuando las personas trabajan separadas unas de otras, la forma en que realmente se hacen las cosas puede variar mucho de la cultura que crees (o esperas) tener.

Tienes una cultura empresarial. Puede que no la hayas desarrollado intencionalmente o que no sea la que tú deseas. En un lugar de trabajo remoto y disperso, si no defines y evalúas la cultura que deseas para tu organización, terminarás implementando una completamente inesperada.

Cuando todos los miembros del equipo trabajan en el mismo lugar, esa cultura es mucho más fácil de definir y mantener. Desde la forma en que se asignan los espacios de parqueo en el estacionamiento, hasta la señalización en cada puerta, los colores en la pared y la declaración de misión gigante publicada en la sala de descanso, todos ven y escuchan un mensaje coherente y captan tus señales tanto intencionalmente como por ósmosis.

Las descripciones de la organización como "aquí no dependemos mucho de los títulos" son obvias cuando el director ejecutivo se estaciona y camina tan lejos bajo la lluvia como todos los demás. En cambio, si trabajas desde casa y nunca has visto al CEO empapado, es posible que no creas que "los títulos no importan" y te estresarás sin necesidad cuando recibas una de sus exigencias. Lo que quiero decirte es que las organizaciones deben ser intencionales y coherentes en los mensajes que envían o terminarán construyendo involuntariamente una cultura que no tenían la intención de construir.

En toda la historia de los negocios, nunca se había visto a tanta gente trabajando en tantos lugares a la vez. Es lógico que haya éxitos y fracasos con respecto a esta nueva modalidad de trabajo, ya que no existe una fórmula mágica sobre cómo implementarlo sin errores. Un ejemplo reciente prueba este punto.

En 2017, IBM (una compañía históricamente intencionada en la construcción de su cultura empresarial) anunció que estaba terminando el trabajo desde casa para algunos de sus empleados[1]. Al principio, parecía que estaba llamando a todos a la nave nodriza, pero en realidad, esta modalidad impactó solo alrededor del 2% de su fuerza laboral. El motivo del cambio estuvo relacionado con su concepto sobre la cultura de equipo.

Ciertos grupos de IBM dependen en gran medida de la colaboración, el intercambio, la respuesta y la construcción de las ideas que ellos generan. Esto es cierto sobre todo en los equipos de proyectos y multidisciplinarios. Sin embargo, tal dinámica no se estaba dando tan bien como cuando todos trabajaban en las instalaciones de la empresa. Si bien la finalización de tareas aumentó mucho, como suele suceder en esta modalidad de trabajo, surgieron menos ideas novedosas y geniales.

Sin orientación, los integrantes del grupo que trabajan a distancia y tienen autonomía en cuanto a la intensidad en el uso frecuente de sus propios dispositivos tienden a centrarse mucho en las tareas y a ser independientes. Si eso es lo que estás buscando de tu equipo, este modelo te funcionará a la perfección, por ejemplo, si tienes un equipo de representantes individuales de servicio al cliente o vendedores enfocados en el cumplimiento de sus cuotas. Si deseas que las personas colaboren y establezcan relaciones sólidas, intenta hacerlo de forma virtual, pero hemos visto que debes ser de forma intencionada y metódica, ya sea a nivel de equipo individual o de organización. IBM asumió que les daría a sus empleados inteligentes la misión y las herramientas y que el resto del proceso sucedería orgánicamente, pero eso no fue lo que sucedió.

Se podría argumentar que IBM reaccionó de forma exagerada, pero se han producido cambios similares en Yahoo, Apple y otras empresas que implementaron el trabajo remoto sin pensar en las consecuencias o en cómo este estilo de trabajo afectaría al equipo. Estas situaciones no son una acusación del potencial del trabajo a distancia, ni un indicio de un cambio en el trabajo a distancia. Más bien, debido a que las cosas no estaban funcionando en esos casos, era apropiado reexaminar las políticas y hacer un cambio haciendo que los empleados regresaran a la oficina.

Tus aspiraciones en cuanto a la cultura de tu empresa deben estar respaldadas por procesos. Por ejemplo, si el uso de la tecnología disponible para construir equipos remotos sólidos es fundamental para administrar tu proyecto, ¿está este respaldado por una evaluación de desempeño? Casi siempre, nos sorprende la cantidad de líderes que son evaluados por sus "habilidades de comunicación", pero no son responsables de su habilidad para usar las herramientas que tienen a su disposición. Si contribuir a la interacción y a las lluvias de ideas en el equipo es una competencia fundamental para ellos, ¿se les instruye sobre su falta de contribución a las reuniones virtuales o conferencias telefónicas? ¿O simplemente es suficiente con que cada uno inicie sesión, responda a los correos electrónicos que reciba y confirme que estuvo allí presente?

El experto en gestión Peter Drucker ha sido citado con frecuencia diciendo: "Ubica a buenos trabajadores en un sistema malo y notarás que el sistema mejorará cada vez más". En otras palabras, desarrollar intencionalmente una cultura empresarial significa no solo educar y empoderar a los líderes, sino hacer que toda la organización trabaje en conjunto para lograr los comportamientos deseados. Algunos de los ejemplos más obvios son:

- *Recursos humanos.* ¿Los sistemas de gestión de desempeño de tu organización reflejan la realidad de cómo trabaja la gente en la actualidad? ¿Tus sistemas de soporte, como el sistema de gestión de aprendizaje y de desempeño anual, reflejan las habilidades adicionales y las dinámicas que cambiaron al liderar a las personas, trabajando desde la distancia? ¿Los procesos para evaluar, recompensar y promover a los teletrabajadores son iguales a los de las personas que trabajan en la oficina? Si la empresa espera que sus empleados tengan reuniones web, ¿también está dispuesta a invertir en cámaras web y auriculares para que esas reuniones sean lo más efectivas posible?

- *Tecnología de la información.* ¿Tu personal de TI toma todas las decisiones tecnológicas y proporciona la formación que se requiere? Si es así, es posible que hayas creado problemas a nivel de la cultura empresarial. Por ejemplo, si ellos están preocupados por el ancho de banda de la intranet, pueden decretar que nadie puede usar cámaras web. ¿Quieres que esa decisión sea tomada en el vacío o prefieres una conversación real que tenga en cuenta la cultura empresarial que deseas construir y las expectativas del mundo real de tus líderes antes de que se tome esa decisión?

Demasiadas organizaciones con las que trabajamos le han puesto límites a lo que su gente puede y no puede hacer basándose en ideas antiguas o en suposiciones erróneas sobre lo que realmente implican sus trabajos. El departamento de TI de un cliente eligió una plataforma de formación virtual que, en su opinión, haría el trabajo. Desafortunadamente, esa plataforma no funcionaba fuera del firewall, así que los teletrabajadores y las personas que trabajaban en otro país no podían acceder a ella. Si hubiera habido más consultas y contribuciones de los usuarios finales, problemas como este se podrían haber evitado.

¿Qué comportamientos esperas de tus líderes a distancia? ¿Qué falencias observas en cuantos a sus habilidades?

Te recomendamos usar las habilidades con las que cuentas como punto de partida, luego usar los tres engranajes en el modelo de liderazgo a distancia para enmarcar los límites en cuanto a las adiciones o los cambios generados por el hecho de tener que liderar a distancia. A continuación, encontrarás ciertas pautas que te ayudarán en el momento de establecer esos límites.

Liderazgo y gestión

Compara tu lista de competencias de liderazgo con las ideas de las que hemos hablado en el libro. Pregúntate:

- ¿Tu modelo de competencias actual refleja con precisión las expectativas que tienes acerca de tus líderes a distancia?
- Si no es así, ¿qué no concuerda y qué faltaría por implementar?
- ¿Necesitas ser más explícito o específico en alguna de las competencias de los líderes a distancia?

Liderar a distancia significa que hay ciertas habilidades y conocimientos que es posible que debas agregar, o al menos, abordar, en tus ofertas de aprendizaje actuales. Antes de decir: "Sí, tenemos talleres de entrenamiento y comunicación", piensa en los matices que conducirán al éxito en este nuevo entorno en áreas como coaching, delegación, comunicación, liderazgo en reuniones, construcción de relaciones, establecer metas y más. Los líderes de hoy deben conocer tanto la dinámica del trabajo a distancia como las técnicas específicas para ayudar a abordar y mitigar esas diferencias.

Si estas oportunidades de aprendizaje aún no están disponibles para tus líderes, deberían estarlo y en una variedad de metodologías. Esto incluye el aula tradicional, la capacitación virtual y el aprendizaje electrónico, la instrucción a su propio ritmo y quizás enfoques combinados.

Herramientas y tecnología

Este engranaje impacta más directamente en cómo los líderes hacen el cambio del liderazgo tradicional al liderazgo en un entorno remoto o virtual. Analiza estas preguntas para aclarar tus expectativas organizacionales acerca de tus líderes a distancia.

- ¿Qué herramientas deseas que ellos utilicen y cuándo deberían utilizarlas? Esta es la discusión sobre riqueza versus alcance. ¿La gente sabe cómo usar Skype/WebEx/SharePoint/lo que sea? Y por "usar", nos referimos a más que saber cómo iniciar la aplicación. Explícales en qué consisten tus expectativas a este respecto y bríndales la orientación basada en nuestras recomendaciones en este libro.

- ¿Cómo es "usar las herramientas de manera efectiva"? Esto incluye conocer la mecánica de las herramientas (¿saben qué botón presionar?), pero también ayudarlos a aprovechar Skype/WebEx/lo que sea que utilizan para lograr que la reunión sea interesante, interactiva y efectiva, ya que se trata más de facilitación y liderazgo que de tecnología.

Habilidades e impacto

Tener herramientas solo es útil cuando sabes usarlas de manera adecuada y efectiva.

- ¿Tus líderes utilizan las herramientas de manera acertada y productiva? Es importante comprender lo que los líderes deben hacer y las herramientas que tienen a su disposición, pero también es importante que ellos sepan usarlas de manera adecuada. Si ellos no se sienten seguros al usar la tecnología, no serán tan efectivos como deberían.

- ¿Tienen ellos la oportunidad de practicar? La gente necesita practicar y recibir entrenamiento y retroalimentación cuando no hay presión. Sin embargo, no resolverás su posible falta de confianza en los tutoriales en línea por el simple hecho de tener la licencia del software. Esta es una de las principales razones por las que las organizaciones no obtienen el máximo rendimiento de su inversión en tecnología.

¿Cuál es tu plan para formar y apoyar a tus líderes a distancia?
¿Cómo apoyará la organización a los miembros del equipo que trabajan a distancia?

Con las respuestas a todas las preguntas anteriores, ahora estás preparado para generar un plan que te ayude a formar líderes a distancia. Con demasiada frecuencia, no existe un plan real; más bien, las organizaciones deciden "agregar un curso" o "enviar algunas personas" a un taller sin contexto alguno y sin un propósito claro ni para los asistentes, ni para la organización en su conjunto.

Observa que no incluimos la palabra "entrenamiento" en las preguntas. Eso fue intencional. Creemos que el enfoque de "formar y apoyar" debe estar puesto en el aprendizaje y no simplemente en la formación. Cuando enfoques tu perspectiva sobre el aprendizaje, hará tres cosas:

- *Conectar el aprendizaje con el trabajo.* A veces, se nos pide que viajemos a organizaciones y enseñemos cómo liderar equipos de forma remota. Si bien podemos hacer eso, ¿no tiene más sentido enseñarle a la gente cómo comunicarse de manera efectiva usando la tecnología como tal para que a través de ella aprendan cómo utilizarla? De lo contrario, es como enseñarle a la gente a nadar en un gimnasio. El aprendizaje ocurre más rápido y mejor cuando está directamente relacionado con el trabajo que hacen las personas, en la forma en que lo hacen. También debe ser realista; ayudarles a las personas a aprender a comunicarse de forma eficaz en un entorno remoto no ayuda si el ancho de banda de la intranet y la política de la empresa hacen que las cámaras web sean imposibles de manejar o las conexiones VPN a los servidores de la empresa no son fiables. Alentar a las personas durante un taller a colaborar y trabajar juntas es una causa perdida si todos sus indicadores clave de desempeño (KPI) se enfocan individualmente.

- *Hacer que el aprendizaje esté disponible de diferentes formas.* Si tu lugar de trabajo es una mezcla compleja de personas que trabajan en todo tipo de ubicaciones, en diferentes zonas y en diferentes horarios, ¿no deberían las formas de aprender las habilidades relacionadas reflejar esta realidad? Asegúrate de tener una combinación de opciones asíncronas y sincrónicas disponibles para tus líderes remotos y sus equipos.

- *Convertir el aprendizaje en un proceso.* Creemos que la formación es un evento, pero el aprendizaje es un proceso. Si deseas que tus colaboradores transfieran lo que están aprendiendo al lugar de trabajo, cambien un hábito y desarrollen confianza para hacer cosas nuevas, un evento por sí solo siempre será insuficiente. Nadie aprendió a tocar bien el piano asistiendo a un taller de habilidades para tocar piano. Aprendemos habilidades con el tiempo, no todas a la vez. El entrenamiento (individual o grupal) y la tutoría pueden y deben estar incluidos en tus planes de formación de liderazgo.

Es cierto que somos parciales, pero creemos que, si bien no deseas subcontratar todo lo que acabamos de describir, tampoco es probable que desees hacerlo todo internamente. Los matices en las habilidades y el contexto de trabajar con personas de forma remota son diferentes de lo que probablemente tu departamento de capacitación esté acostumbrado a brindar.

Desde 2009, Wayne les ha preguntado a cientos de capacitadores que hicieron entrenamientos tanto en línea como en el aula si ellos recibieron alguna clase de capacitación antes de que se les pidiera hacer entrenamientos y presentaciones en línea. Para más de la mitad de los entrenadores su respuesta fue un rotundo no: se suponía que ellos debían resolver ese aspecto por sí mismos. Por fortuna, esto está cambiando a gran velocidad. Si bien no se trata de un ciego guiando a otro ciego, es injusto e ineficaz pedirles a entrenadores que no están familiarizados con el teletrabajo o la tecnología que diseñen y brinden entrenamientos sobre estos temas.

Por último, aunque por lo general el departamento de TI tiene la misión de enseñar sobre tecnología, existen problemas con este enfoque:

- *Se necesita más que una demostración.* Para enseñar una tecnología de manera efectiva se requiere contexto, demostración, aplicación y entrenamiento continuo. No se le puede llamar formación al simple hecho de grabar a alguien que sea competente en la tecnología (pero no en facilitar el aprendizaje) y hacer que la grabación esté disponible para todo un equipo. ¿Tu personal de TI tiene los recursos y la experiencia necesarios para ayudarles a los miembros de todo el equipo empresarial a aprender estas habilidades a profundidad?

- *TI se centra en la herramienta, no en el contexto.* Es posible que este departamento no comprenda cómo es que los líderes necesitan usar estas herramientas tecnológicas en su trabajo. Alguien que usa WebEx para soporte técnico al compartir una pantalla lo usará de manera muy diferente a aquellos que lideran y se comunican usando esta herramienta. Por lo tanto, cualquier formación sobre una herramienta debe realizarse en el contexto de cómo la usarán las personas en la vida real.

- *¿En realidad saben?* El hecho de que sean técnicos no significa que ellos utilicen la herramienta como debe ser. Con frecuencia, vemos personal de TI que ha utilizado Skype Empresarial durante mucho tiempo, pero que ni siquiera conoce algunas de las herramientas más completas asociadas a él, como las encuestas y los tableros. No estamos tirando a nadie debajo del autobús; es posible que ellos nunca hayan necesitado usar esas opciones. El hecho es que lo único que esto demuestra es que es posible que no todos los técnicos sean los más calificados para enseñarles a tus líderes.

El equipo a distancia

Este libro trata sobre el liderazgo y, sin embargo, no podemos hablar sobre la formación de líderes a distancia exitosos sin reconocer a los miembros del equipo que trabajan de forma remota y necesitan apoyo y habilidades adicionales. Los equipos solo funcionan a un alto nivel cuando todos sus miembros tienen la misma comprensión de cómo hacer que las cosas funcionen en el mundo real. Por ejemplo, compartir el triángulo de la confianza solo con los líderes, pero no con tu equipo, es un error.

Analiza estas preguntas:

- ¿Tus trabajadores remotos comprenden la misión y la visión, los objetivos y las estrategias de la organización y cómo se alinea su trabajo a todos estos aspectos de la empresa? (Recuerda, muchas de las señales y recordatorios disponibles cuando se trabaja en el sitio se pierden cuando se trabaja fuera de la oficina o desde cualquiera que sea el lugar de trabajo).

- ¿Saben todos y cada uno de los miembros de tu equipo lo que se espera de ellos específicamente en relación con el trabajo que ellos realizan a distancia?

- ¿Tienen ellos las habilidades técnicas que necesitan para realizar su trabajo?
- ¿Tienen ellos las habilidades para comunicarse, construir relaciones y generar confianza con éxito a distancia?
- ¿Tienen opciones para aprender las habilidades que les faltan?

Y quizás lo más importante, ¿qué tan seguro estás en cuanto a tus respuestas a todas las preguntas de este capítulo? Si todavía estás leyendo, lo que eso significa es que en realidad estás pensando en ayudarles a tus líderes a distancia a tener éxito. En última instancia, ellos no pueden tener éxito si no cuentan con un equipo exitoso. Asegúrate de apoyarlos y también de formarlos.

Detente y piensa

Concluimos los capítulos anteriores pidiéndote que "te detengas y pienses" acerca de ti mismo y de tu equipo. En esta sección, nuestro enfoque es diferente: te pedimos que pienses a nivel de la organización. Esto puede implicar conversaciones con personas de otros departamentos. Aquí, promovemos esas conversaciones y las acciones que estas generan.

- ¿Cuál es la cultura organizacional a la que aspiras?
- ¿Cómo afecta la naturaleza remota de algunos miembros del equipo esa visión cultural?
- ¿Qué comportamientos deberían cambiar para crear esa cultura, sobre todo, en los miembros de un equipo remoto?
- ¿Qué comportamientos y habilidades deseas que tengan tus líderes a distancia?
- ¿Qué lagunas en habilidades y conocimientos observas en tus líderes a distancia?
- ¿Qué recursos y materiales de aprendizaje crees que reflejan las necesidades del líder a distancia?
- ¿Qué grupos o partes de la organización deberían tener un papel más activo en la creación de tu plan de formación de liderazgo a distancia (además del departamento de capacitación)?
- ¿Cómo podrías asegurarte de que las partes interesadas estén alineadas para que los planes de formación de liderazgo a distancia satisfagan las necesidades del mundo real?

Epílogo

Antes de irnos

Regla 19 Cuando todo lo demás falle, recuerda la Regla 1.

"Sin crecimiento y progreso continuos, palabras como mejorar, logro y éxito no tienen significado".

—Benjamin Franklin

Ya casi terminas de leer este libro, pero esperamos que tu trabajo apenas comience.

Un libro por sí solo tiene poca importancia. No lo decimos por falsa modestia, sino para ponerlo en el contexto adecuado. Si hemos hecho nuestro trabajo, este libro ha hecho dos, quizás, tres cosas en tu vida:

- *Te ha educado.* Después de todo, no has estado leyendo una de las novelas de Wayne (sí, él ha escrito algunas, búscalas en Google). Tú elegiste este libro para aprender algo nuevo sobre cómo liderar un equipo a distancia, para ver este tema desde una perspectiva distinta o tal vez para confirmar que algo que ya has estado haciendo es "correcto", apropiado e incluso una mejor práctica.

- *Te ha inspirado.* La educación sin inspiración es un ejercicio árido. Sin faltarle el respeto a ninguno de tus maestros anteriores, a lo mejor, tomaste algunas clases en la escuela que tenían como propósito educarte y, sin embargo, no te brindaron inspiración alguna. Esperamos que ahora tengas más motivación, más confianza y sentido del valor y de la importancia del ejercicio del liderazgo, sobre todo, cuando la distancia lo hace aún más complejo.

- *Te ha entretenido.* Si bien esta no es tan importante (quizás) como las dos primeras cosas, podríamos argumentar que, sin esta parte, las otras dos no hubieran sucedido. Después de todo, ¿cuántos libros has leído que hablan sobre la construcción de las pirámides, de un jugador de fútbol en la década de 1960 y de la música klezmer albanesa? En parte, nuestro trabajo en Remote Leadership Institute y en Kevin Eikenberry Group se basa en la noción de que el aprendizaje puede y debe ser divertido.

Pero realmente, hemos aspirado a una cuarta cosa, al verdadero propósito de este libro.

- *Te ha llevado a la acción.* La educación, la inspiración e incluso el entretenimiento son metas valiosas, pero son solo metas relacionadas con el proceso. Nuestra principal meta en este caso es que obtengas resultados al aplicar nuestras enseñanzas; que salgas y hagas algo que tenga que ver con nuestros conceptos y consejos. Si a este punto, no eres más intencional acerca de cómo hacer una retroalimentación, si no te has propuesto aprender a usar la tecnología que tienes a tu disposición de manera más efectiva, si no les estás ayudando a los miembros de tu equipo a alcanzar las metas establecidas, entonces, ¿qué objetivo tuvo que hicieras toda esta lectura?

Uno de los mejores elogios que recibió Kevin por su libro *Remarkable Leadership* fue: "Se nota que este libro fue escrito por un capacitador, pues te anima continuamente a que lo intentes y pongas en práctica lo que estás aprendiendo". Ambos estamos orgullosos de llevar puesto el sombrero de capacitadores, maestros y facilitadores del aprendizaje. Ambos hemos pasado muchas horas en un aula (y en un solo lado de las cámaras web) ayudándole a gente de todo el mundo a aprender nuevas habilidades y enfoques para liderar y comunicarse de manera más efectiva. Escribimos este libro para que tú puedas hacer tu trabajo con más habilidad, eficacia y confianza.

Pero es solo un libro.

Ahora, comienza el trabajo real (importante).

Si te vas de aquí con herramientas y con la confianza suficiente para probarlas, estaremos contentos y orgullosos y nos sentiremos muy honrados de que así sea.

Y aunque esta lectura está terminando, nuestro compromiso de ayudarles a quienes lideran a distancia no termina aquí.

Como todos los autores, nos encantaría saber de ti, saber cuáles preguntas no te respondimos (y, con suerte, darte las respuestas), escuchar de qué modo lo que hemos escrito ha marcado la diferencia en tu liderazgo y, en general, continuar nuestra conversación sobre ser más eficaz como líder a distancia.

Con todo lo mejor para ti, y con el debido respeto, ha llegado la hora de que regreses a tu trabajo y lideres a distancia de manera más efectiva.

Notas

Capítulo 1

1. La encuesta se realizó entre junio y septiembre de 2017 y continúa en la actualidad. Para participar en la encuesta y agregar tu opinión, ve a http:

// longdistanceleaderbook.com/survey.

2. Jean M. Twenge, iGen: *Why Today's Super-Connected Kids Are Growing Up Less Rebellious, More Tolerant, Less Happy—and Completely Unprepared for Adulthood* (Nueva York: Atria Books, 2017).

Capítulo 2

1. Andrew Filev, "The Future of Remote Teams: How to Fine-Tune Virtual Collaboration" (artículo presentado en el Congreso Global de PMI® 2012 — Norteamérica, Vancouver, Columbia Británica, Canadá), https: //www.pmi.org/learning/library/remote-teams-tune-virtual-colaboración-6022.

2. Bureaau of Labor Statistics, "Encuesta Estadounidense sobre el uso del tiempo — Resultados de 2016", comunicado de prensa núm. USDL-17-0880, 27 de junio de 2017, https://www.bls.gov/news.release/pdf/atus.pdf. ¿Véase también Alina Tugend, "¿No

está claramente definido, pero el teletrabajo está aumentando rápidamente", *The New York Times.* 2014/03/08/2014/your-money/when-working-in-your-pajama-is-more-productive.html? _r = 0.

Capítulo 3

1. Karen Sobel Lojeski, *Leading the Virtual Workforce: How Great Leaders Transform Organizations in the 21st Century* (Hoboken, Nueva Jersey: John Wiley & Sons, 2009).

Capítulo 4

1. Basado en *The CHAOS Report* (1994) del Standish Group y revisado en 2007. Aunque existe un considerable debate sobre los números, Jim Highsmith, en *Agile Project Management: Creating Innovative Products,* y otros expertos han concluido que: "Los datos de Standish NO son un buen indicador de un rendimiento deficiente en el desarrollo de software. Sin embargo, SON un indicador de falla sistémica de nuestros procesos de planificación y medición". Continúa diciendo que no puede usar los números de Standish para mostrar el retorno de la inversión, pero predice con precisión la adopción del usuario final y otras barreras culturales con respecto al éxito.

2. Gerald C. Kane, Doug Palmer, Anh Nguyen Phillips, David Kiron y Natasha Buckley, "La estrategia, no la tecnología impulsa la transformación digital", *MIT Sloan Management Review* (14 de julio de 2015), https://sloanreview.mit.edu/projects/embracing-digital-technology/, y Michael Fitzgerald, Nina Krus-chwitz, Didier Bonnet y Michael Welch, "Embracing Digital Technology: A New Strategic Imperative", *MIT Sloan Management Review* (7 de octubre de 2013), https: //sloanreview.mit.edu/projects/embracing-digital-technology/.

Capítulo 5

1. Para obtener más información sobre el liderazgo de servicio, consulte el Centro de liderazgo de servicio Robert K. Greenleaf, https://www.greenleaf.org/what-is-servant-leadership.

2. "Declaración de misión de McDonald's", Strategic Management Insight, 14 de septiembre de 2013, https://www.strategicmanagementinsight.com/mission-statements/ mcdonalds-mission-statement.html.

3. "Declaración de misión y perfil empresarial de Google", The Balance, 13 de julio de 2017, https://www.thebalance.com/google-business-profile-2892814.

4. Nicholas Bloom, "Para aumentar la productividad, deja que más empleados trabajen desde casa", *Harvard Business Review*, enero-febrero de 2014, https://hbr.org/2014/01/ to-raise-productivity-let-more-employees-work-from-home.

5. Justin Kruger y David Dunning, "No calificados e inconscientes: cómo las dificultades para reconocer la propia incompetencia conducen a autoevaluaciones irreales", *Journal of Personality and Social Psychology* 77, núm. 6 (1999): 1121-1134.

Sección 3 Introducción

1. Bloom, "Para aumentar la productividad", *Harvard Business Review*.

Capítulo 7

1. Esta fue una anécdota, pero ten en cuenta la respuesta de Jerry Seinfeld en la nota de pie de página: James Clear, "Cómo dejar de procrastinar", blog de James Clear, https://jamesclear.com/stop-procrastination-seinfeld-strategy.

2. Tomas Laurinavicius, "Las 34 mejores aplicaciones de 2017 para crear hábitos", *tomas laurinavicius* blog, 30 de marzo de 2017, https://tomaslau.com/habit-forming-apps.

Capítulo 8

1. Victor Lipman, "El 65% de los empleados quiere más retroalimentación (¿por qué no la reciben?)", *Forbes*, 8 de agosto de 2016, https://www.forbes.com/sites/victorlipman/2016/08/08/65-of-employees-want-more-feedback-so-why-dont-they-get-it/#43311996914a.

2. Marshall Goldsmith, Laurence S. Lyons y Sarah McArthur, *Coaching for Leadership: Writings on Leadership from the World's Greatest Coaches*, 3ª ed. (San Francisco: Pfeiffer, 2012).

3. Andrew S. Grove, *High Output Management* (Nueva York: Random House, 1983, 1995).

4. Thomas J. Peters, Robert H. Waterman, *In Search of Excellence: Lessons From America's Best-Run Companies* (Nueva York: HarperCollins, 1982, 2004).

Capítulo 11

1. James M. Kouzes, Barry Z. Posner, *The Leadership Challenge: How to Make Extra- ordinary Things Happen in Organizations,* 6ª ed. (Hoboken, Nueva Jersey: John Wiley & Sons, 2017).

2. Alice F. Stuhlmacher, Maryalice Citera y Toni Willis, "Gender Differences in Virtual Negotiation: Theory and Research", ResearchGate, 3 de julio de 2007, https: //www.researchgate.net/publication/225629879_Gender_Differences_in_Virtual_Negotiation_ Theory_and_Research.

Capítulo 12

1. Bettina S. T. Büchel, *Using Communication Technology* (Nueva York: Palgrave, 2001).

Capítulo 13

1. Gerald C. Kane, Doug Palmer, Anh Nguyen Phillips, David Kiron y Natasha Buckley, "La estrategia, no la tecnología, impulsa la transformación digital", *MIT Sloan Management Review* (14 de julio de 2015), https://sloanreview.mit.edu/ projects/strategy/drives/digital/ transformation/, y Michael Fitzgerald, Nina Kruschwitz, Didier Bonnet y Michael Welch, "Embracing Digital Technology: Un nuevo imperativo estratégico", *MIT Sloan Management Review* (7 de octubre de 2013), https://sloanreview.mit.edu/projects/embracing-digital-technology

2. Kane, et al., "Estrategia, no tecnología", y Fitzgerald, et al., "Adopción de la tecnología digital", *MIT Sloan*.

3. "True Wireless Confessions: How People Really Use their Phones", Verizon, abril de 2015, https://cbsdetroit.files.wordpress.com/2015/06/true-wireless-confesiones-junio-2015.pdf.

Capítulo 15

1. Pauline Rose Clance y Suzanne Imes, "El fenómeno del impostor en mujeres de alto rendimiento: Dinámica e intervención terapéutica." *Psychotherapy Theory, Research and Practice* 15, núm. 3 (1978), http://www.paulineroseclance.com/pdf/ip_high_achieving_women.pdf.

Capítulo 16

1. Si bien el término se ha vuelto común, se refiere al personaje principal de la novela de 1955, *The Man in the Gray Flannel Suit*, de Sloan Wilson. En 1956, Gregory Peck protagonizó la película del mismo nombre.

Capítulo 18

1. John Simons, "IBM, a Pioneer of Remote Work, Calls Workers Back to the Office", *Wall Street Journal*, 18 de mayo de 2017, https://www.wsj.com/articles/ibm-a-pioneer-of-remote-work-calls-workers-back-to-the-office-1495108802.

Agradecimientos

Un libro como este requiere de la ayuda de muchas personas y, como corresponde a este título, todas ellas están esparcidas por todas partes.

Primero, está el equipo con el que trabajamos todos los días en Kevin Eikenberry Group y en Remote Leadership Institute. De Richmond a Phoenix, de Chicago a Indianápolis, ellos nos siguen sorprendiendo con su arduo trabajo, su perspicacia y su apoyo entusiasta. En particular, gracias a Erica Brown por su ayuda con los gráficos y por ayudarnos a plasmar nuestras palabras en imágenes.

Estamos agradecidos con el equipo de Berrett-Koehler por su fe en nosotros, así como por su apoyo inicial y por mantenernos enfocados en este proyecto y en este objetivo en constante cambio. Específicamente, Neal Maillet y Jeevan Sivasubramaniam, así como el equipo de producción y todos los involucrados en marketing y promoción, merecen nuestro reconocimiento. Sin ellos, probablemente no estarías leyendo esto. Roger Peterson nos ayudó a pulir nuestras ideas y a crear un libro mejor. Los encargados de hacer el trabajo sucio de limpiar nuestros escritos, Jon Ford y Jonathan Peck, también hicieron una gran labor.

Finalmente, a nuestros valiosos clientes: es un placer servirles, trabajar y aprender de ustedes. Esperamos sinceramente que este libro haga que su viaje sea un poco menos arduo.

Además de esto, hay algunos pensamientos personales que cada uno de nosotros quisimos compartir.

De Kevin...

Más allá de nuestro reconocimiento general hacia el equipo, debo decir que creo que este libro es mejor, porque tengo la oportunidad de liderar este equipo remoto todos los días. Muchas de las ideas aquí plasmadas han sido probadas y perfeccionadas a través de mis interacciones con nuestro equipo. Lo que he aprendido de ellos es incomparable. Por último, le agradezco a mi esposa, Lori, por su paciencia, comprensión y apoyo, no solo mientras escribimos este libro, sino a lo largo de nuestras vidas. Ella me hace mejor en todos los sentidos.

De Wayne...

Muchos autores han estado escribiendo libros sobre liderazgo, desde el *Código de Hammurabi,* y nosotros, simplemente, nos hemos apoyado en sus hombros. Sería de mala educación ignorarlos e imposible nombrarlos a todos, pero con suerte, este escrito se sumará a la sabiduría colectiva. Además, debo agradecerle a mi esposa, Joan (la duquesa), por todo su apoyo incondicional y por su increíble paciencia.

Sobre los autores

Kevin Eikenberry

Kevin Eikenberry es un reconocido experto mundial en el desarrollo y el aprendizaje del liderazgo y es el jefe funcionario potencial del Grupo Kevin Eikenberry. Él es creador de Remarkable Leadership Learning System y cofundador de Remote Leadership Institute.

Kevin ha pasado más de veinticinco años ayudando a organizaciones en todo América del Norte y a líderes de todo el mundo en temas de liderazgo, aprendizaje, equipos y trabajo en equipo, comunicación y más. Su lista de clientes incluye empresas de *Fortune 500,* pequeñas empresas, universidades, agencias gubernamentales y hospitales.

Los clientes anteriores incluyen nombres que reconocerás: la Cruz Roja Estadounidense, Chevron Phillips Chemical Company, Cirque du Soleil, John Deere, Purdue University, Southwest Airlines y muchos más.

Es autor de los *bestsellers Remarkable Leadership* y *Vantagepoints on Learning and Life.* Fue coautor con Guy Harris de otro bestseller, *From Bud to Boss: Secrets of the Successful Transition to Remarkable Leadership* y de un libro complementario titulado *My Journey from*

Bud to Boss. Además, es un autor colaborador de más de quince otros libros.

El blog de Kevin se clasifica constantemente entre los mejores y más leídos del mundo en temas del liderazgo. Ha sido elegido por Inc.com como uno de los cien mejores pensadores a nivel mundial en el campo del liderazgo y la administración y está catalogado como uno de los mejores oradores y pensadores sobre estos temas en varias otras publicaciones.

Wayne Turmel

Wayne Turmel es cofundador de Remote Leadership Institute. Ha pasado los últimos veinte años o más obsesionado por cómo se comunica la gente en el trabajo. Su trabajo ha ayudado a organizaciones en cuatro continentes a desarrollar las habilidades de comunicación necesarias para liderar personal, proyectos y equipos y para hacer la transición de equipos presenciales a equipos virtuales y de trabajo a distancia.

Wayne es autor de varios libros, incluidos *ASTD's 10 Steps to Successful Virtual Presentations* y Meet Like You Mean It: A Leader's Guide to Painless and Productive Virtual Meetings. También ha contribuido a casi una docena de otros libros, y su innovador podcast, *The Cranky Middle Manager Show,* fue uno de los primeros podcasts de liderazgo que se incluyó en la lista de los 50 mejores Blogs de RRHH influyentes de BNET. En su lista de clientes están American Red Cross, Schneider Electric, Dell y varios departamentos de gobierno de EE. UU. y Canadá.

Marshall Goldsmith califica a Wayne como "una de las voces verdaderamente únicas en lo que a liderazgo se refiere".

www.ingramcontent.com/pod-product-compliance
Lightning Source LLC
Chambersburg PA
CBHW030514080526
44586CB00011B/182